ISABELLE GRAW

NOTIZEN 2014–2017

IN EINER ANDEREN WELT

DCV

FÜR MARGAUX

Gleich morgens, unmittelbar nach dem Aufstehen in den Jahren 2014 bis 2017 geschrieben, waren diese „Notizen“ zunächst als eine Art „Warm-up“ gedacht. Die eigentliche Schreibarbeit sollte anschließend stattfinden, doch irgendwann wurde dieses Projekt selbst zum Eigentlichen. In Kurzform wollte ich all jene Erlebnisse und Gedanken festhalten, die nicht unmittelbar in meine kunsthistorischen Texte einfließen. Darüber hinaus zielen diese Miniaturen darauf ab, das persönlich Erlebte oder Beobachtete in seiner gesellschaftlichen Dimension zu analysieren und zwar in sprachlich pointierter und stark komprimierter Form. Mich interessiert dabei, wie im Persönlichen Allgemeines aufblitzt und wie umgekehrt Allgemeines durch das Persönliche gefiltert wird. Die Genrefrage stellte sich mir zunächst gar nicht, doch im Rückblick scheinen mir die Einträge zwischen „Memoire“ und „Sozialkritik“ zu oszillieren. Dass Alltagsbeobachtungen in diesem Buch nahtlos in Trauerpassagen übergehen, hat mit der buchstäblich anderen Welt zu tun, in der ich mich als plötzlich elternlos Gewordene in dieser Zeit wiederfand. Trauer erweist sich als ein Schmerz, der immer dann auftritt, wenn es gerade eigentlich um etwas ganz anderes geht. Den Leser*innen dieser Einträge könnten die Übergänge zwischen privaten, politischen, soziologischen, kunsttheoretischen und ästhetischen Erörterungen zuweilen etwas abrupt erscheinen, doch diese Themenwechsel illustrieren auch ein Leben in der heutigen Ökonomie, das sich ständig auf neue Problemlagen und Schocks einzustellen hat. In politischer Hinsicht stehen die Jahre 2014 bis 2017 ohnehin für eine Zeitenwende, die dieses Buch ebenfalls zu verarbeiten sucht.

Zuletzt noch ein Wort zum Eindruck von Offenherzigkeit, den diese Einträge womöglich vermitteln. Das Ich, das hier gelegentlich spricht, kommt mir tatsächlich zuweilen recht nahe, ist aber zugleich aufgrund der literarischen Stilisierung weit entfernt von mir. Auch für intensive Emotionen wollte ich dabei eine Sprache finden, die sich nicht in Klischees flüchtet. Freilich liefere ich mich mit diesem Buch nicht schutzlos aus, da es keineswegs alles preisgibt. Ob dieser von mir intendierte Spagat zwischen Exponierung und Entzug gelungen ist, sollen die Leser*innen entscheiden.

ISABELLE GRAW,
BERLIN IM APRIL 2020

„Nous laisserons des notes
confuses, des apercus
fulgurants, etc."

FRANCIS PONGE

1.
KÖRPERHAARE

Schon vor der Öffnung des Waxing-Studios hatte sich davor eine lange Schlange gebildet. Immer mehr Frauen, aber auch Männer, lassen sich inzwischen ihre Körperhaare entfernen – eine Entwicklung, die, nach meiner Erinnerung, in den 1990er Jahren einsetzte. Eine interessante Erklärung für diese seither noch gestiegene Haarentfernungsbereitschaft lieferte eine der sogenannten Epilatorinnen. Sie erzählte mir, dass sich ihre Kund*innen gewachst einfach „sauberer" fühlen würden. Werden sichtbare Scham-, Bein- oder Achselhaare demnach heute, anders als in den 1970er Jahren, mit „Schmutz" assoziiert? Oder hat dieses Gerede von „Sauberkeit" nicht eher die Funktion, die seit den 1990er Jahren verfestigte ästhetische Norm des haarlosen Körpers in ein rationales Argument zu überführen, sodass das Waxen wie eine hygienische Notwendigkeit erscheint? Statt also einzuräumen, dass man sich mit dem Waxen auch einem aktuellen Schönheitsideal (der gewachsten Bikinizone oder der gewachsten Männerbrust) unterwirft, für das man eine schmerzhafte Prozedur in Kauf zu nehmen bereit ist, stellt man es so dar, als befreie man sich von etwas Schmutzigem. Die Zurichtung des Körpers nimmt die Form eines Strebens nach Sauberkeit an, der man sich bereitwilliger unterwirft. Dass sich die emanzipierteren Frauen in den 1970er Jahren ganz selbstverständlich dicke Haarbüschel unter ihren Achseln stehen ließen, ist heute kaum mehr vorstellbar. Doch obgleich es hier die derzeit weit verbreitete Norm einer glatten und von Härchen befreiten Körperhaut zu problematisieren gilt, muss ich doch einräumen, dass sie auch mein Körperbild prägt. Wie tief das Ideal der Haarlosigkeit in meine Subjektivität eingedrungen ist, konnte ich neulich beim Yoga beobachten: Vor meiner Matte übte eine junge Frau mit sichtbar langen Härchen an den Waden – ein in diesem Yogastudio recht ungewohnter Anblick, der mich geradezu erschreckte und (zugegebenermaßen) ein wenig verstörte. Für die Durchschlagkraft der neuen Schönheits- und Körpernorm der haarfreien

Haut spricht zudem, dass ich selbst die Waxing-Prozedur mittlerweile als geradezu entspannend und erholsam erlebe, so als wäre es mir gelungen, den Zwang der Haarentfernung affektiv aufzuladen und zu genießen. Einmal mehr zeigt sich, wie es dem kulturellen Kapitalismus gelingt, unser Selbstverständnis und unser Erleben so zu formen, dass sich eine eigentlich schmerzhafte Prozedur in ein als angenehm empfundenes Erlebnis verwandelt.

2.
DER TOTEN GEDENKEN

Hat es eine Bedeutung, dass der Name meines Vaters immer noch nicht auf seinem Grabstein steht? Kann sein Grab als konkreter Ort des Gedenkens an ihn funktionieren, wenn sein Name dort ungenannt bleibt, wenn also sein toter Körper im Sarg unter der Erde liegt, ohne dass dies offiziell irgendwo steht? Ist ein Grab ohne Namen noch ein Grab? Mir fiel es jedenfalls schwer, an diesem Grab ohne Namen eine Haltung des Gedenkens an meinen verstorbenen Vater und der Trauer über seine Abwesenheit einzunehmen. Stattdessen stürzte ich mich, wie so oft in meinem Leben, in Aktivismus und suchte die Verantwortung für eine Situation zu übernehmen, die ich in Wahrheit nicht zu verantworten hatte. Energisch und verzweifelt hielt ich auf dem großen Gelände des Ohlsdorfer Friedhofs nach der Friedhofsverwaltung Ausschau. Ich wollte alles tun, um die Situation wieder geradezurücken, seinen Namen *sofort* in den Stein eingravieren lassen, nur um von dieser Verwaltung zu erfahren, dass ich dazu rechtlich gar nicht befugt sei. Jetzt muss ich es also aushalten, dass mein toter Vater gleichsam ungewürdigt da liegt, als hätte er niemals gelebt. Er hat seiner zweiten Frau die Vollmacht erteilt. Wir Kinder können nichts tun und sehen uns einmal mehr mit seiner Entscheidung für sie und gegen uns konfrontiert. Vielleicht geht es auch darum, dass ich einen Weg finden muss, um den damit verbundenen Schmerz auszuhalten, statt die harte Situation mit aller Kraft und Macht in etwas Erträglicheres verwandeln zu suchen.

3.
HOW ARE YOU TODAY?

Beim Betreten des Schusterladens frage ich die sympathische Betreiberin, wie es ihr denn heute gehe. Sie guckt mich verdutzt an. Eine derartig routinemäßig gestellte Frage nach ihrem Befinden ist sie offenkundig nicht gewöhnt. Sie beginnt mir deshalb sehr ausführlich ihre derzeitige Stimmungslage – ein einziges Auf und Ab – in all seinen Facetten zu schildern. Nach einer Weile unterbreche ich sie, um ihr mitzuteilen, dass es mir gar nicht darum geht, ihr authentisches Befinden abzufragen, was mir außerdem nicht zustehe und tendenziell übergriffig wäre. Ich erwähne außerdem, dass ich in letzter Zeit immer wieder in angloamerikanischen Ländern unterwegs gewesen bin und es mir deshalb angewöhnt hätte, mich formal nach dem Befinden meines Gegenübers zu erkundigen, ohne eine *ehrliche* Antwort auf diese Frage zu erwarten. Während ich so spreche, realisiere ich aber auch, dass das standardisierte „How are you today?", dem jedes Interesse an der Situation des Anderen abgeht, den absoluten Gegenpol zu ihrem Wörtlichnehmen meiner Frage bildet. Während sie sich um Authentizität und Wahrhaftigkeit bemüht, sagt ein reflexhaftes „I am great" nichts darüber aus, wie es einem *wirklich* geht. Andererseits: Sobald man die Frage nach dem eigenen Befinden routinemäßig mit „sehr gut" oder „amazing" beantwortet hat, kann sich diese Behauptung positiv auf die eigene Stimmung auswirken. Man fühlt sich auch dann noch besser, wenn es einem eigentlich nicht so gut geht. Außerdem geht es eine fremde Person ja im Grunde nichts an, wie es in Wahrheit um einen steht. Nie werde ich jedenfalls den überraschten Gesichtsausdruck der Inhaberin des Schusterladens vergessen, nachdem ich ihr mein freundliches „Wie geht's?" zugerufen hatte.

4.
SCHREIBEN

Schreiben ist eine Frage des In-den-Text-Hineinkommens. Diese Situation zögere ich allerdings immer wieder hinaus, ich schiebe den Moment regelmäßig vor mir her, in dem mich der Text einfängt, mich geradezu vor sich hertreibt. Je tiefer ich mich nämlich in ihn hineinbegebe, desto mehr bestimmt er über mein Leben. Für die Textproduktion wäre es vor diesem Hintergrund ideal, wenn ich nach einer Phase des Schreibens *ohne Pause* in den nächsten Text hinübergleiten würde. Denn jeder Neubeginn nach einer Schreibunterbrechung ist mit dem Risiko behaftet, dass es dieses Mal nicht klappt, weil ich das Schreiben endgültig verlernt habe. Auch mein Körper wehrt sich gegen die mit dem Schreiben verbundenen körperlichen Anstrengungen. Er will anfangs häufig vom Schreibtisch aufspringen, so als wolle er sich gegen die aus der Haltung beim Schreiben resultierenden Schulter- und Nackenschmerzen wehren. Bevor ich losschreibe, erledige ich aus diesem Grund erst einmal alles andere: Ich mache Arzttermine, beantworte E-Mails, ordne Bücher ... Dann kommt irgendwann der Punkt, an dem mir der Würgegriff der Deadline keine Wahl mehr lässt: Ich *muss* anfangen. Aber auch dann noch dauert es ein wenig, bis es wirklich losgeht. Zunächst verzettele ich mich und schreibe in viele Richtungen an unterschiedlichen Stellen des Textes. Je länger der Text wird, desto unvermeidlicher wird er mich in Strukturprobleme stürzen, die ich nur lösen kann, wenn ich ihn fortwährend ausdrucke, handschriftlich redigiere und seine Abschnitte anders anordne. Besser wäre es natürlich, die Argumentation und den Aufbau des Textes vorab festzulegen, aber das fällt mir ungemein schwer, weil sich seine Pointen oft erst beim Schreiben ergeben. Schreiben ist offenkundig eine Qual und doch irgendwie lebensnotwendig für mich, weshalb ich wohl dranbleibe. Ich genieße dabei vor allem das Privileg, beinahe täglich in Ruhe an meinem Schreibtisch sitzen, lesen und nachdenken zu können. Das ist eine der letzten Freiheiten, wie Adorno irgendwo gesagt hat, die es gegen alle Anstürme von außen zu verteidigen gilt.

5.
RADIOMODERATOR*INNEN

Es muss eine *Déformation professionelle* sein, dass die meisten Radiomoderator*innen in jeder Situation so sprechen, als wären sie auf Sendung: laut, deutlich und überartikuliert. Ihre starke stimmliche Präsenz steht dabei häufig in eigentümlichem Kontrast zu den von ihnen vorgebrachten inhaltlichen Vorgaben. Bei zahlreichen Interviews in Kultursendungen beobachte ich jedenfalls die Tendenz, dass die Journalist*innen ihr Gegenüber die ganze Arbeit machen lassen. Statt gut vorbereitet in ein Gespräch hineinzugehen und die Interviewpartner*innen mit herausfordernden Fragen zu konfrontieren, werden große, möglichst weiträumige Fragen wie „Ist das noch Kunst?" an sie delegiert. Es bleibt den Befragten dann selbst überlassen, diese substanzialistischen Fragen zurückzuweisen, um den Fokus eher darauf zu legen, *wie* bestimmte künstlerische Arbeiten unter bestimmten gesellschaftlichen Bedingungen einen Kunstanspruch erheben. Der Hang zu großen und (scheinbar) voraussetzungslosen Fragen auf Seiten der Journalist*innen hängt meines Erachtens vor allem mit ihren verschlechterten Arbeitsbedingungen zusammen: Sie haben schlichtweg keine Zeit mehr, sich in ein Sujet zu vertiefen und dementsprechend komplexere Fragestellungen zu entwickeln. Eben weil sie unter massivem Zeit- und Konkurrenzdruck für wenig Geld arbeiten, müssen sie die Differenzierungsarbeit an ihr Gegenüber delegieren. Die weit verbreitete Vorliebe für absichtlich naiv gestellte, offene Fragen scheint mir aber auch unmittelbar aus der Annahme eines unwissenden Publikums zu resultieren, das von den Medien ohnehin notorisch unterschätzt wird. Von diesem Publikum wird ja häufig gesagt, dass man es dort abholen müsse, wo es stehe (auf einem ihm unterstellten niedrigen Niveau nämlich). Besser wäre es aus meiner Sicht jedoch, seinem Publikum *alles* zuzutrauen und es als einen ebenbürtigen Gesprächspartner anzusehen. Speziell in Radiointerviews habe ich es auch oft erlebt, dass sich die Moderator*innen auf einen Text von mir beziehen, den sie nur vom Hörensagen kennen:

Selbst hätten sie ihn zwar nicht gelesen, aber man habe ihnen davon erzählt. Dass diese anderen überlassene Lektüre nur zu Missverständnissen und Verkürzungen führt, ist wenig überraschend. Doch trotz dieser zuweilen eher unerquicklichen Erlebnisse lasse ich mich sehr gerne auf Radiointerviews ein: Ich bin froh, meine Überlegungen auf diese Weise in Umlauf bringen zu können. Hinzu kommt, dass mir das Medium Radio aufgrund meiner Vergangenheit einfach liegt: Als Kind arbeitete ich beim *Programm für Kinder* des Norddeutschen Rundfunks mit. Sobald ich heute in einem Aufnahmestudio sitze, um nur qua Stimme (ohne körperliche Präsenz) zu kommunizieren, nehme ich Kontakt zu meinem früheren Kinderfunk-Ich auf. Da die technischen Bedingungen in diesen Studios seit den 1970er Jahren weitgehend gleich geblieben sind, kann ich mich dort mit Kopfhörer vor dem Mikrofon sitzend, den Blick auf die Aufnahmeleiter*innen gerichtet, wie früher fühlen. Ich genieße es dabei vor allem, für die Zuhörer*innen unsichtbar nur eine Stimme zu sein, in der die Gegenwart meines Körpers jedoch latent mitschwingt.

6.
SOZIALER AUSSCHLUSS MIT FÜNFZIG?

Um die Fünfzig, so wird es oft gesagt, sortieren sich die Freundschaften noch einmal neu. Das scheint auch in meinem Fall zu stimmen und liegt zum Teil an den anderen Prioritäten, die ich in den letzten Jahren in meinem Leben gesetzt habe. Seit ich mich zum Beispiel nicht mehr mit Vergnügen rund um die Uhr in den Kunstbetrieb und seine Ereignisse stürze, um stattdessen (vergleichsweise spät!) ein Privatleben zu führen, das diesen Namen (hoffentlich) auch verdient, werde ich weniger selbstverständlich zu Partys und Geburtstagsfesten von früheren Freund*innen eingeladen. Natürlich liegen die Gründe für den jeweiligen Ausschluss in jedem Fall anders und womöglich kann man gar keine allgemeinen Schlüsse aus dieser Entwicklung ziehen. Dennoch fällt mir auf, dass ich nicht mehr so selbstverständlich dazuzugehören scheine, was auch eine Folge meines familienbedingten Rückzugs sein mag. Womöglich spüren die anderen, dass ich mich für die *gemeinsame Sache* nicht mehr bedingungslos und uneingeschränkt engagiere, zumal mir die eigenen Projekte mit zunehmendem Alter wichtiger werden. Zu realisieren, dass man dort nicht eingeladen wurde, wo man früher selbstverständlich dazugehörte, versetzt mir dennoch jedes Mal einen kleinen Stich. Es ist die latente – und wahrscheinlich bei jedem vorhandene – Angst, aus den bestehenden sozialen Zusammenhängen und Diskussionen zunehmend herauszufallen, die von diesen Nicht-Einladungen geschürt wird. Eine Angst, die natürlich auch imaginäre und paranoide Züge trägt, weshalb ich ihr nicht so viel Raum zu geben versuche.

7.
PETZOLDS *PHOENIX*

Die zentrale Botschaft dieses Films *Phoenix* von Christian Petzold lautet, dass man sein Leben *nachspielen* muss, wenn man einen Zugang zu ihm haben und aus seinen festgefahrenen Strukturen ausbrechen möchte. Genau darum geht es im Grunde genommen auch in der Psychotherapie: Einen anderen Umgang (etwa mit seinen Verlassenheitsängsten) wird man dort nur dann finden, wenn man sie erneut (und in verschärfter Form) durchlebt und als Wiederholung eines früheren Verlassenheitsgefühls durcharbeitet. Dass es nicht leicht ist, sich sein früheres Ich wieder anzueignen – das Ich *vor* der traumatischen Erfahrung –, auch das ist die Lektion dieses Films. Wenn ich mich in Städten wie Paris oder Köln aufhalte, in denen ich lebte, bevor die einschneidenden Brüche in meinem Leben – Trennung vom Vater meines Kindes, Tod meines Vaters – passierten, fällt es mir schwer, eine Verbindung zu meinem früheren, gleichsam unbeschwerteren Ich aufzunehmen. Die Person, die ich damals dort war, hatte zwar schon Einiges hinter sich, aber da sie das Wegbrechen ihres grundlegenden Koordinatensystems noch nicht erlebt hatte, ist sie mir jetzt fremd geworden. Indessen, wenn ich wie früher durch die mir immer noch vertrauten Straßen dieser Städte gehe, kommt auch eine leise Ahnung von meiner damaligen psychischen Verfassung auf, ein Rest der früheren Leichtigkeit streift mich wie ein Windhauch und macht mich für einen Augenblick lang glücklich. Zugleich spüre ich aber auch deutlich, dass es kein Zurück gibt: Nach all dem, was passiert ist, ist dieser weniger versehrte Zustand aus früheren Zeiten für mich nicht mehr zu erlangen und auch nicht wirklich erstrebenswert.

8.
PIGMENTFLECKE

Früher hießen sie Altersflecken. Dann hat man sie von den Konnotationen des biologischen Verfalls befreit und zu *Pigmentflecken* erklärt, zu bloßen Hautveränderungen also, die sich folglich auch beseitigen lassen. Ich hatte einen solchen Pigmentfleck im Gesicht, der mich sichtbar mit meinem verstorbenen Vater verband. Sein Gesicht trug nämlich den gleichen Pigmentfleck in derselben Form und an derselben Stelle. Entsprechend schuldig fühlte ich mich, als ich diesen Fleck kürzlich von meinem Dermatologen entfernen ließ, der bei dieser Gelegenheit auch andere Pigmentflecke eliminierte. Dass ich im Ergebnis reichlich entstellt aussah, mit zuerst rötlichen, dann schwarzen, krustigen Flecken, schien meinem Schuldgefühl recht zu geben. Für das Kappen der physischen Verbindung zu meinem Vater war ich, wenn auch nur temporär, sichtbar bestraft worden. Tatsächlich musste ich meine sozialen Verpflichtungen für einige Zeit absagen, denn ich konnte mich in diesem Zustand keiner Öffentlichkeit (und schon gar keiner Kunstöffentlichkeit) aussetzen. Der erzwungene kurzzeitige Rückzug hatte etwas von Buße an sich, die ich absolvieren musste. Jetzt sind die Flecke weg und die Haut darunter schimmert jungfräulich rosa. Ich fühle mich lebendig und wie neu geboren, so als wäre ich – pathetisch formuliert – der Todeszone entronnen. Zugleich habe ich ein schlechtes Gewissen, weil ich mich auf diese Weise von meinem Vater physisch entkoppelt habe. Dass ich „seinen" Pigmentfleck nicht mehr habe, ist zwar einerseits als Anpassung an die gängigen Schönheitsnormen zu begreifen, steht andererseits aber auch symbolisch für mein Bemühen, dem väterlichen Determinismus zu entkommen. Ich kann jetzt, nach seinem Tod, wirklich *mein* Leben leben, von dem ich aber auch weiß, dass es von der Figur meines Vaters dauerhaft geprägt sein wird.

9. ROLLKOFFER

Rollkoffer, zumal die im Kunstbetrieb omnipräsenten, leicht dahingleitenden Koffer der Marke Rimowa, sind unsere Stellvertreter. Wir identifizieren uns mit ihrem Look und ihrem Inhalt und das spüren wir vor allem dann, wenn sie verloren gehen. Ist der Koffer weg, fühlt es sich so an, als wären wir uns selbst verloren gegangen. Haben wir den Koffer jedoch bei uns, dann nehmen wir ihn bei der Hand und er gleitet wie ein Familienmitglied neben uns her. Als mein Koffer neulich nach einem Flug verloren gegangen war, stellte ich mir vor, wie er irgendwo ungeschützt liegen oder alleine weiterfliegen würde. Die Beseelung meines Koffers trieb ich so weit, dass ich ihn persönlich vom Flughafen abzuholen beschloss, nachdem ich über Umwege erfahren hatte, dass er auf dem Rückflug von Oslo nach Berlin sei. Immer wieder dachte ich darüber nach, was sich alles in diesem Koffer befand, meine Lieblingsgarderobe und meine gesamten Schminkutensilien. Grenzenlos war dann die Erleichterung, als ich ihn endlich beim Zoll in Empfang nehmen durfte. Den enormen Zeitaufwand und die Kosten, die die ganze Aktion mir eintrugen, nahm ich gerne in Kauf, denn jetzt ist er wieder bei mir.

10.
RASSISMUS RELOADED

Neben dem Film *Monsieur Claude und seine Töchter* legt es auch das Theaterstück *Zorn* darauf an, kulturelle Stereotype grotesk zu überzeichnen, mit dem Ziel, sie auf diese Weise auszuhebeln. Leider bewirkt ein solches Vorgehen das Gegenteil des Intendierten. Schon die Lacher im Publikum über die nicht tot zu kriegende Islamfeindlichkeit im bürgerlichen Milieu deuten darauf hin, dass sich einige in ihren Klischeevorstellungen des *Anderen* bestätigt sehen. Mehr noch: Aufgrund der Überzeichnungen im Stück scheinen sich die Zuschauer*innen autorisiert zu fühlen, über ihre eigenen fremdenfeindlichen Impulse zu lachen. Die Popularität, die derartige Machwerke im Moment haben, scheint mir symptomatisch für den schleichenden Rechtsruck, von dem nun auch das bürgerliche Milieu erfasst wird. Es ist in diesem Zusammenhang bezeichnend, dass sich meine Mutter neulich bei der ersten Begegnung mit der Mutter meines Lebenspartners mit ihr sogleich darauf einigen konnte, dass *Monsieur Claude und seine Töchter* besonders witzig sei. Mein Einwand, in diesem Film würden kulturelle Stereotypen und rassistische Vorurteile reproduziert und dadurch salonfähig gemacht, stieß bei ihnen auf taube Ohren.

11.
AMBIVALENTE TRAUER

Den Gedanken, Tote würden nur leben, wenn wir an sie denken, finde ich unerträglich, denn dann wäre das posthume Wohlbefinden meines Vaters unmittelbar abhängig von mir. Zwar projiziere ich, etwa beim Blick in den Himmel, stets *sein* Bild dort hinein und stelle mir vor, dass er mir, während ich beispielsweise Yoga mache, wohlwollend zusieht. Er bleibt gewissermaßen das väterliche Über-Ich, welches ich nun im Himmel verorte. Aber wenn ich nicht an ihn denke, möchte ich nicht davon ausgehen müssen, dass er unter der Erde vor sich hin modert. Lieber wäre mir eine permanente Gegenwart seines Geistes, die unabhängig davon ist, ob ich ihn heraufbeschwöre oder mit meinen Gedanken woanders bin. Es ist ohnehin schwierig für mich, seiner zu gedenken und um ihn zu trauern. Wenn ich an die Zeit seiner schweren Krankheit und an das denke, was er durchmachen musste, verfalle ich in tiefstes Mitleid. Führe ich mir hingegen seine mangelnde Fürsorge für seine Kinder vor Augen, überkommt mich die Wut. Auch wenn ich Fotos von ihm betrachte, meine ich diese zwei Seiten in ihm zu erkennen: ein weicher, großzügiger, aber auch ein irgendwie zynisch-abgeklärter Gesichtsausdruck, der womöglich auch eine Folge seiner unglücklichen Ehe war, zu der ihn allerdings niemand gezwungen hat. Oder ist er diese Ehe aus Zynismus eingegangen? Auch hier schwanke ich zwischen Empathie und Wut. Ich denke häufig an ihn und immer wieder taucht er in meinen Gedanken auf; manchmal überkommt mich dabei tiefe Traurigkeit und grenzenlose Verzweiflung darüber, dass er für mich nicht mehr zu erreichen ist. Seinen Namen habe ich auch immer noch nicht aus meinem elektronischen Adressbuch gelöscht – das bringe ich einfach nicht fertig. Ihn zu löschen käme einer Art symbolischer Ermordung gleich, da ich diejenige wäre, die offiziell seinen Tod bestätigt. Diese Verantwortung möchte ich nicht übernehmen.

12.
WERTIG

Der Anzugverkäufer in der Herrenboutique schlägt vor, eine Veränderung an der Knopfleiste von J.s Jackett vorzunehmen: Dadurch sähe der Anzug gleich „wertiger" aus. Dieser Ausdruck „wertig" wird nach meiner Beobachtung auch oft von Architekt*innen benutzt, wenn bestimmte Materialien ausgewählt werden, um mit ihnen den Eindruck des „Wertigen" zu erzeugen. „Wertig" bedeutet hier, dass eine Sache den Eindruck des Wertvollen vermittelt, ohne dass dafür viel Arbeit oder Geld aufgewendet wurde. Man kann Dinge mit wenigen, einfachen

Maßnahmen und ohne viel Arbeitsaufwand „wertiger" aussehen lassen, so als wären viele Arbeitsstunden in sie eingeflossen und teure Materialien verwendet worden. Es gibt sozusagen äußere Zeichen der Wertigkeit, die sich auf Dinge applizieren lassen und sie entsprechend in eine höhere Wertklasse befördern. Es muss erst vor kurzem im Zuge des massiven ökonomischen Wachstums des Luxussegments gewesen sein, dass sich der Wert auf diese Weise in ein Adjektiv verwandelte. Wenn Luxus inzwischen als etwas allgemein Erstrebenswertes gilt und die Tageszeitungen entsprechend Sonderbeilagen zum Thema Luxus herausgeben, dann kann auch das Wertige zu einem Wert an sich aufsteigen. Die Rede vom Wertigen erinnert mich zudem an die werttheoretische Einsicht, dass nichts *an sich* wertvoll ist, vielmehr gibt es bestimmte Codes für Wert, die sich auch dem Wertlosen überstülpen lassen.

13.
DAS JAHR DES MAGISCHEN DENKENS

Bald ist es zu Ende. Dann kann ich nicht mehr jeden Tag des Jahres zu dem Tag im letzten Jahr in Beziehung setzen, an dem mein Vater noch lebte. Vor einem Jahr habe ich ihn zum letzten Mal gesehen. Er war dabei, leicht verwirrt, aus seinem Bett herauszusteigen, respektive aus ihm herauszufallen, als ich die Tür zu seinem Zimmer im Hospiz öffnete. Der Name Hospiz sagt ja ohnehin, wohin die Reise geht – es handelt sich um eine Art Vor-Todeszone. Das wusste er ganz genau, zumal er ein Hospiz im Auftrag einer verstorbenen Mandantin betreut hatte. Ich quäle mich immer noch mit dem Gedanken, dass ich an diesem letzten Tag mehr Zeit mit ihm hätte verbringen müssen. Er hat mich an den Händen festgehalten, als ich aus dem Zimmer ging und ich hätte dableiben sollen, hatte aber irgendwie das Bedürfnis, mich in dem Moment ganz deutlich zu meinem Lebenspartner zu bekennen und mit diesem zurück nach Berlin zu fahren. Das nächste Mal, als ich meinen Vater sah, war er entschlafen und der Gedanke daran ist immer noch so schwer auszuhalten, bohrt einen tiefen Schmerz in mich hinein. Seine Todeswoche ist jetzt angebrochen, die letzte Woche, in der ich sagen kann, vor einem Jahr lebte er noch. Wie wird es nach diesem Jahr des magischen Denkens sein? Werden es einfach nur längere Abstände werden, die ich zur Zeit seines Lebens herstelle?

14.
TRY ME I AM TEA

Auf der Münzstraße lädt eine Thermosflasche vor einem Lifestyle-Geschäft das Laufpublikum dazu ein, sich zu bedienen. Vor der Flasche ist eine Karte mit den Worten „try me I am tea" aufgestellt worden, was die Flasche buchstäblich zum Sprechen bringt: Sie fordert uns (natürlich auf Englisch) dazu auf, von ihr zu probieren, weil sie Tee sei. Der Tee selbst fordert uns gleichsam dazu auf, ihn zu trinken. Als Ware *lebt* dieser Tee so, wie Karl Marx es in seinen Überlegungen zum Fetischcharakter der Ware beschrieben hat: Er wirkt selbsttätig und spricht. Mithilfe der Karte werden animistische Projektionen bei den Passant*innen ebenso aktiviert, wie sie das Objekt in etwas Quasi-Lebendiges verwandelt, das uns vertrauensvoll zuruft: „Probier mich ruhig, ich bin nur Tee." Einige Leute stehen mit Pappbechern herum und sind der Aufforderung der Thermoskanne offenkundig nachgekommen. Erstaunlich, dass das demokratische, auch in der Kunstwelt verbreitete Ideal der „Partizipation" inzwischen derart weite Kreise zieht. Der angebotene Tee trotzt aber auch gut der augenblicklichen Kälte, da man sich am heißen Getränk, wenn man den Becher eng umfasst, die Hände wärmen kann. Vielleicht ist das Ganze aber auch einfach nur symptomatisch für den Strukturwandel dieser Gegend, in der zahlreiche Einzelhandelsgeschäfte und zuletzt sogar der kleine Kiosk schließen und Boutiquen weichen mussten. Passend zu diesen Entwicklungen verwandelt sich jetzt auch mein alltäglicher Gang zur Reinigung in ein kuratiertes Erlebnis, das einem Galeriebesuch gleicht.

15.
CHARLIE EST UN HOMME

Darauf hat bislang niemand hingewiesen, womöglich aus Pietätsgründen und weil es so heikel ist: dass es sich bei den zehn auf infame Weise getöteten Pariser Karikaturist*innen mehrheitlich um Männer handelte (mit Ausnahme einer Frau, der Psychiaterin und Psychoanalytikerin Elsa Cayat, deren Tod in den deutschen Medien kaum Erwähnung fand). Das Magazin *Charlie Hebdo* scheint tatsächlich von einer Art „Männerbande" (inklusive Ausnahmefrau) regiert worden zu sein: Alt-68er-Libertäre, die einerseits die lange Tradition der Karikatur mit Satire und Spott gegenüber religiöser Moral fortführten, um andererseits mit den sexistischen und rassistischen Überzeichnungen ihrer Karikaturen auch die Distanz zum Gebot der politischen Korrektheit zu markieren. Dass sie als Libertäre das Bemühen um politische Korrektheit als eine Bedrohung ihrer Freiheit empfanden, ist dabei wenig überraschend. Ich frage mich vor diesem Hintergrund dennoch, ob man nicht auf seinem Recht, derartige Karikaturen zu publizieren und zu vertreiben, bestehen und zugleich dafür sorgen kann, dass sich niemand durch sie verletzt fühlt, indem man einen sensibleren Umgang mit Worten und Bildern praktiziert? Eine solche Haltung kann natürlich auch zu einer Entscheidung gegen die Veröffentlichung bestimmter Karikaturen führen, die einzelne Glaubensgemeinschaften potenziell verletzen könnten, so wie kürzlich in der *New York Times* geschehen. Aber es spricht natürlich Bände, dass der ätzende Spott dieser Karikaturen in der Regel auf männliche Autoren zurückgeht. Frauen finden sich nur selten in diesem Metier, womöglich weil sie entweder von ihm ausgeschlossen werden und/oder sich von ihm fernhalten. Besonders perfide erscheint es mir, dass die für *Charlie Hebdo* arbeitende Männergruppe, die strukturell gesehen für eine bestimmte Form der männlichen Dominanz steht, jetzt von einer anderen Gruppe regelrecht fanatischer Männer bei einem Terroranschlag brutal abgeschlachtet wurde, deren Frauenbild häufig (natürlich nicht immer) von einer Diskriminierung ganz anderen

Ausmaßes zeugt, von einer veritablen Frauenverachtung mithin, die weit über die subtilen Sexismen der männlichen Libertäre hinausgeht.

16.
SEXUAL HARASSMENT VOR #METOO

In puncto *sexual harassment* ist man als Frau in einer denkbar ungünstigen Position. Dies gilt umso mehr, wenn eine professionelle Abhängigkeitsbeziehung zwischen dem Mann, der eine sexuell anzügliche Bemerkung macht, und einem selbst besteht. Gestern wurde mir zum Beispiel während eines Festes vom Gastgeber mitgeteilt, dass er gerne ein Kind mit mir hätte. Während er dies sagte, drückte er mich fest an sich. Da es keine unmittelbaren Zeugen für diese Szene gab, bin ich jetzt leider in der Defensive. Ihn der sexuellen Belästigung zu bezichtigen, würde nichts bringen, weil er sein Verhalten natürlich leugnen und mir überzogene Fantasien attestieren würde. In beruflicher Hinsicht bin ich außerdem auch weiterhin auf seine Unterstützung angewiesen. Ich kann also nur strategisch agieren, kalt meine Interessen verfolgen und – falls er noch einmal eine derartige Bemerkung machen sollte – schnell und scharf darauf reagieren. Gestern traf es mich einfach vollständig unvorbereitet. Das eigentliche Problem ist jedoch, dass sich ein bestimmter Männertypus – der Macher mit Geld und Einfluss, wenn man so will – mit seinen sexuell anzüglichen Bemerkungen immer noch in Sicherheit wähnen kann. Er braucht keine Sanktionen zu befürchten und kann davon ausgehen, dass die auf sein Wohlwollen angewiesenen Frauen sein unerträgliches Verhalten schon aus Selbstschutz nicht an die große Glocke hängen werden.

17.
„DIE“

Eine Freundin von mir nennt Männer nur doch „die“ – sie lässt das Subjekt weg, so als verstünde es sich von selbst, wer mit diesem bestimmten Artikel gemeint ist. „Die“ würden so und so agieren, alle gleich ... Ein Lamento, das ich oft aus dem Munde meiner heterosexuellen Freundinnen vernehme und das auch ich (zugegebenermaßen) gelegentlich anstimme. Der Vergleich der dabei dargestellten Probleme kann einen tatsächlich darin bestätigen, dass Männer in heterosexuellen Beziehungen die immer gleichen Verhaltensmuster an den Tag legen. Während die Differenzen in solchen Gesprächen in den Hintergrund treten, erscheint der jeweilige männliche Partner wie ein austauschbares Exemplar seiner Gattung. So nachvollziehbar und wichtig die Suche nach vergleichbaren Verhaltensmustern, nach einer durchgehenden Struktur auch sein mag, so bleibt doch das jeweils Spezifische dabei auf der Strecke. „Die Männer“ gibt es schließlich nicht. Auch wird in solchen Gesprächen über Männer oft unfreiwillig die absolute Polarität zwischen Mann und Frau – in Wahrheit ein Phantasma – immer wieder aufs Neue zementiert. „Die“ sind die ganz anderen, die wie Tiere im Zoo analysiert und beobachtet werden. Dass sie erstens möglicherweise gar nicht so anders sind und dass zweitens die Liebe eine Gelegenheit bieten könnte, sich der Andersheit des anderen zu öffnen, wird in solchen Momenten oft ausgeblendet. Stattdessen wird bei *den Männern* nach den geringfügigsten Indizien dafür gesucht, dass sie sich wie „die“ verhalten – und derartige Anzeichen finden sich natürlich immer. Andererseits ist es hilfreich und tröstlich, die eigenen Beziehungserlebnisse mit denen anderer Frauen zu teilen und abzugleichen. Und tatsächlich gibt es stark gegenderte Verhaltensweisen in heterosexuellen Paarbeziehungen. Wenn ich dann realisiere, dass es anderen ähnlich ergeht, relativiert sich mein individuelles Problem, das sich nun als ein strukturelles erweist. Nur läuft man auf diese Weise Gefahr, „die“ Männer auf das ganz andere schlechthin festzuschreiben, so wie sie es umgekehrt jahrhundertelang mit den Frauen gemacht haben.

18.
MUSIK UND JENSEITS

Die Pastorin neulich hatte Recht, als sie bemerkte, dass Chorsänger*innen und Musiker*innen ein stärker ausgeprägtes Empfinden für Jenseitiges hätten, sie wären aufgeschlossener für Wunder und dergleichen. Beim Hören von klassischer Musik habe ich diese Empfänglichkeit für Transzendentales auch an mir selbst beobachten können. Die Musik – beim heutigen Konzert in der St.-Matthäus-Kirche waren es zwei Trios von Johannes Brahms und Franz Schubert – scheint eine direkte Verbindung zum Jenseits herzustellen. Ich spürte meinen verstorbenen Vater jedenfalls ganz deutlich und meinte, mit ihm in Kontakt zu treten. Ich war mir sicher, dass es ihm dort, wo er jetzt ist, gut geht; die Sonne strahlte durch das Kirchenfenster, er schien irgendwo gut aufgehoben zu sein und sich von sämtlichen Strapazen seines von Traumata gepflasterten Lebens zu erholen. Es ist diese Offenheit für Überirdisches, die sich auch beim Singen einstellt, wo man ja ohnehin aus sich selbst heraus- und in eine andere Sphäre eintritt. Singend überschreitet man sein Selbst und schwingt sich buchstäblich zu anderen Höhen auf. Vielleicht ist es seit meiner Kindheit die Vertrautheit mit dem Singen und der klassischen Musik, die mich für Erlebnisse, die nicht im Hier und Jetzt aufgehen, besonders empfänglich macht. Solche Erfahrungen einer gleichsam überirdischen Intensität können einem auch in der Liebe passieren, weshalb Musik und Liebe von einem reißfesten Band zusammengehalten werden. Das spürte ich heute im Konzert sehr deutlich, da mir die Musik plötzlich das Verlangen eingab, den Mann an meiner Seite zu berühren. Glücklicherweise schien er von einem ähnlichen Begehren erfüllt zu sein, denn auch er streckte seine Hand nach mir aus.

19.
GUTE KUNST, SCHLECHTER MARKT

An allen Ecken und Enden wird derzeit das Lamento von dem *bösen Markt* angestimmt, der die Kunst kaputt mache und zugrunde richte – ob von Markus Metz und Georg Seeßlen in ihrem leider etwas unterkomplexen Pamphlet oder vom Maler Eric Fischl, der sein Klagelied in Form eines Buches vorbringt. Statt zu realisieren, dass es eine sich ihren jeweiligen Marktverhältnissen vollständig entziehende *gute Kunst* niemals gegeben hat, wird das trügerische Ideal einer marktfreien Kunst hochgehalten. Aus meiner Sicht wäre es interessanter, den historischen Zusammenhang zwischen dem Aufkommen eines (vermeintlich) autonomen Kunstprodukts und seiner Vermarktung im 18. Jahrhundert zu untersuchen. Man würde womöglich feststellen, dass die Autonomisierung der Kunst – also ihre Loslösung von Zunftvorgaben und religiösen Kontexten – ihrer Vermarktung durchaus zugutekam. Denn ein autonomes, frei zirkulierendes und von allen Auflagen befreites Produkt lässt sich schlicht besser verkaufen. Erstaunlich auch, dass die Marktverächter*innen stets in selbstgerechter Manier davon ausgehen, auf der richtigen Seite zu stehen, wenn sie die *gute Kunst* gegen den *bösen Markt* verteidigen. Sie selbst glauben sich marktfern und richten sich in dieser undialektischen Position bequem ein.

20.
DIE ARBEIT IST GETAN, DAS VERHÄLTNIS ENDET

Klaus Theweleit hatte Recht, Produktionszyklen mit Liebeszyklen engzuführen. Für bestimmte männliche Dichter wie Gottfried Benn oder Bertolt Brecht hatte er – wenn ich mich recht erinnere – nachgewiesen, dass sie für jede ihrer Produktionsphasen die entsprechende Partnerin benötigten, die ihnen das Material lieferte. Im Idealfall war diese Partnerin irgendwann tot – ein Frauenopfer, das für die Produktion dargebracht werden musste.

Ich denke, auch den Beziehungen von Kreativen wohnt heute noch ein durchaus vergleichbarer instrumentalisierender Zug inne, ohne dass die Frauen notwendigerweise sterben müssten, damit der Mann schöpferisch wirken kann. Dennoch zeichnen sich die meisten (hetero- oder homosexuellen) Paare im Kunstbetrieb dadurch aus, dass beide Partner*innen voneinander – und zwar vor allem im Bereich der Arbeit – profitieren. Aber wenn dieser instrumentelle Aspekt *alles* ist, worauf sich die Beziehung gründet, dann geht sie oft zwangsläufig mit der Beendigung einer bestimmten Produktionsphase in die Brüche. Ist das Buch fertig oder die akademische Karriere sichergestellt, kommt es häufig zu einem Partnerwechsel. Könnte man gegen dieses weit verbreitete Muster der instrumentellen Beziehung vielleicht ein *Modell von Liebe* setzen, bei dem die Arbeit weitgehend außen vor bleibt? Statt also die Arbeit ins Zentrum der Beziehung zu rücken, um inhaltlich gewissermaßen an einem Strang zu ziehen, könnte man die Arbeit des anderen wohlwollend begleiten und unterstützen, ohne sich jedoch zu stark in sie einzubringen. Natürlich können auch solche Beziehungen einen stabilisierenden Effekt auf die Arbeit haben, wie schon Sigmund Freud wusste, der Liebe und Arbeit idealiter in Balance sah. Aber wenn sich die Beziehung nur um Arbeit und Karriere, also nur um die Frage des wechselseitigen Vorankommens dreht, wird sie in ihrer Eindimensionalität krisenanfällig. Nach Jahren der instrumentellen Beziehungen versuche deshalb auch ich in meinem eigenen Beziehungsleben, den anderen nicht zu funktionalisieren. Dazu passend habe ich bewusst oder unbewusst einen Partner gewählt, der mir in beruflicher Hinsicht nicht so viel „bringt".

21.
SCHLITTSCHUHLAUFEN

Das Eisstadion ist einer der letzten öffentlichen Räume, in denen es egalitär zuzugehen scheint. Denn hier können alle für einen geringen Eintrittspreis Schlittschuh laufen. Wie auf einem Gemälde von Pieter Bruegel sieht man die unterschiedlichen sozialen Schichten auf der Eisfläche ihre Kreise ziehen. Es bilden sich sogar neue Hierarchien aus, wenn sich die teuer Angezogenen krampfhaft am Geländer entlanghangeln und gar nicht Schlittschuh laufen können, während die Weddinger Neighbourhood-Kids ihre Pirouetten vorführen. Das Ganze hat auch etwas von einer Diskothek, da ein Gassenhauer-Pop gespielt wird, der alle in Bewegung bringt. Auch wenn es brechend voll ist, regelt sich alles wie von selbst, fast wie im Straßenverkehr. Zwar gibt es regelmäßig kleine Zusammenstöße und Rempelunfälle, aber das findet niemand tragisch. Gekonnt und voller Rücksicht umfahren die Geübten die Anfänger*innen, indem sie letztere elegant überholen. Vielleicht ist das Eisstadion einer der letzten genuin öffentlichen Orte in Berlin, wo sich der Zugang nicht über Geld und Klassenzugehörigkeit regelt. Wir wollen jetzt jedes Wochenende dort hingehen.

22.
BILDER ERGREIFEN ANDERS

Was Michael Baxandall über das Quattrocento sagte, trifft auch heute noch zu: Von visuellen Erlebnissen und Bildern werden die meisten emotional stärker und unmittelbarer ergriffen als von Texten oder Geschichten. Ich erlebte dies gestern am eigenen Leib. Während ich auf dem Crosstrainer trainierte, beobachtete ich durchs Fenster eine Szene auf der Straße, bei der eine plötzlich am Boden liegende Frau von Passanten versorgt wurde. Irgendwann kam der Krankenwagen und fuhr seine Trage heraus. Ich musste unwillkürlich an meinen Vater denken, wie er ebenfalls auf einer solchen Trage liegend, einen beinahe zufriedenen, wenn nicht sogar triumphierenden Eindruck machte. Er war offenkundig froh darüber, dem grässlichen Pflegeheim entkommen zu sein und ließ sich bereitwillig in den Krankenwagen schieben. Dabei nahm er den für ihn typischen rebellisch-frechen Gesichtsausdruck an, der ihm etwas Jungenhaftes und Schelmisches verlieh. In demselben Moment, als sich mir dieses Erinnerungsbild aufdrängte, schossen mir auch schon die Tränen in die Augen. Ich fühlte den großen Schmerz des Verlustes und realisierte, dass ich diese aufmüpfige Seite an ihm nie wieder erleben würde: Er ist weg. Ich musste die Augen von der Straßenszene abwenden, denn es war letztlich das Bild dieser ausfahrbaren Trage, die meinen tiefen Schmerz ausgelöst hatte.

23.
DER SOG DER ZELEBRITÄTEN

Alle schienen nur ein Ziel zu haben – James Franco *persönlich* kennenzulernen. Ich habe die VIPs der Berliner Kunstwelt jedenfalls noch nie derart im Celebrity-Taumel erlebt wie auf dieser von Klaus Biesenbach für James Franco ausgerichteten Party. Von Hermann Parzinger über Tim Renner bis zu Wolfgang Tillmans wollten wirklich *alle* (und zwar nicht nur Männer, sondern auch die anwesenden Frauen) dem Schauspieler persönlich die Hand schütteln. Dem von der Celebrity ausgehenden Sog konnte sich offenbar niemand entziehen. Ich beschloss deshalb, in dieses Spiel einzusteigen und ebenfalls das Gespräch mit dem Star zu suchen. Er war sehr freundlich und smart und wir unterhielten uns über die Freiheiten und Zwänge, die in der Kunstwelt und in Hollywood regieren. Andere Personen kamen hinzu, wobei einige von ihnen ihrer Aufregung darüber Ausdruck verliehen, ihn endlich live zu sehen. Sie stellten sich einfach vor ihn hin und hielten Monologe über ihr Fan-Tum, was ich ein bisschen unheimlich fand. Es wirkte so, als müssten sie etwas loswerden und sich zugleich durch den unmittelbaren Kontakt zu ihm neu aufladen. Wo auch immer er stand, schienen zentripetale Kräfte dafür zu sorgen, dass das Gros der Besucher*innen auf ihn zuströmte. Sein Glanz färbte sogar auf seine unmittelbare Entourage ab, so etwa auf Biesenbach selbst, der das Ganze hostete und mit all seinen Gesten andeutete, dass er über einen privilegierten Zugang zu Franco verfügte. Er trat selbst wie ein Filmstar auf, sein Gesicht wirkte durch gut sichtbare Wangenknochen schnittiger. Auch jene, die sich in dem abgezirkelten VIP-Raum mit Franco aufhielten, schienen plötzlich wie in Hollywood-Licht getaucht und benahmen sich entsprechend aufgepeitscht. Der Glanz der Celebrities hat wohl etwas Ansteckendes – vergleichbar der Berührung einer Reliquie, die ja ebenfalls eine unmittelbare physische Verbindung zu dem Heiligen verheißt.

24.
KRANKENHAUSBETTEN

Mir ist völlig unverständlich, warum Krankenhausbetten immer derart schmal und unbequem sein müssen. Jeder Versuch, sie neu einzustellen, ihr Vorder- oder Hinterteil zu bewegen, verschlimmert die Lage nur. Ich habe jedenfalls extrem schlecht auf dieser Pritsche geschlafen, zumal gequält von Krankenhausgeräuschen, Tellerklappern, lautem Rufen, ankommenden Fahrzeugen und Stimmengewirr. Auch die extreme Hellhörigkeit dieser Klinik wunderte mich sehr. Warum wurde nicht für Schallschutz gesorgt? Dort im Krankenhausbett liegend, konnte ich nur daran denken, wie mein Vater mehr als vier Monate in einer solchen Stellung verbringen musste, ohne aufstehen oder sich wehren zu können. Ein Martyrium, das ich nur eine Nacht lang aushalten musste. Ich kauerte mich auf die Seite, so wie er es getan hatte und meinte, ihm dadurch näherzukommen. Heute Morgen wollte ich ihn kurz anrufen, dieser Impuls überkommt mich immer wieder. Wie geringfügig sich meine kleine OP doch im Vergleich zu seinem Leiden ausnimmt! Es ist zwar ein Gemeinplatz, dass Krankenhäuser krank machen, aber es stimmt tatsächlich. Am Schlimmsten ist das berüchtigte Krankenhausessen, diese abgepackten Brot- und Wurstscheiben am Morgen. Man könnte einfach Müsli bereitstellen, das kann so viel teurer doch auch nicht sein? Ich war jedenfalls froh, dieser Hölle, in der mein Vater die letzten Monate seines Lebens verbringen musste, nach nur einer Nacht zu entkommen.

25.
DER HIMMEL ÜBER BERLIN

Im Februar kann es in dieser Stadt zu erstaunlichen Ausbrüchen von Vorfrühlingsgefühlen kommen. Der Himmel ist bei strahlendem Sonnenschein jetzt schon seit Tagen blau und gegen Abend sieht man die Sonne als orangepurpurfarbenes Licht hinter den Häusern verschwinden. Die Mienen der Menschen hellen sich entsprechend auf, die Gesamtstimmung wird schlagartig besser. Im grellen Tageslicht zeichnen sich aber auch deutlich die Spuren der Wintermüdigkeit in den Gesichtern ab. Die Haut der hier Lebenden (mich eingeschlossen) wirkt durch die langen Wintermonate blass, fahl und trocken, den Haaren ist jeglicher Glanz abhandengekommen und den Körpern fehlt die dynamische Spannkraft. Um sich vor der Kälte zu schützen, haben sich diese Körper in den letzten Monaten zumeist in einer leicht gebeugten Haltung fortbewegt. Das sieht man ihnen an. Beim Sonnenlicht entspannen sie sich ein wenig, richten sich langsam wieder auf. Man darf sich in diesen frühlingshaften Februartagen allerdings nicht zu früh freuen, denn im März kommt es häufig zu massiven Wetterrückschlägen in Form von Dauerregen und trist-grauen Tagen. Ich tröste mich mit dem Gedanken, dass der März eine gute Zeit ist, um zu arbeiten. Denn das Leben spielt sich immer noch nicht auf den Straßen ab, obwohl sie im Vergleich zum Winter etwas belebter und fröhlicher anmuten. Trotz des harschen und überlangen Winters lebe ich eigentlich sehr gerne in Berlin. Der ideale Ort eben, um am Schreibtisch zu sitzen.

26.
BDI

Das Gebäude will einladend sein und bewirkt doch das Gegenteil: Gleich hinter dem Eingang wurde eine etwas trashig wirkende Glaskuppel über einer großen Fläche aufgespannt, die als eine Art monumentale Piazza konzipiert wurde. Hier bewegen sich die Mitarbeiter*innen des BDI vor Regen geschützt von einem Gebäude zum anderen. Pulks von Männern ziehen, in aus meiner Sicht auffällig schlecht geschnittenen Anzügen, an einem vorbei. Im Verhältnis von geschätzt eins zu fünfzig befindet sich auch eine Frau darunter, die die Tatsache, dass sie mit der Markierung *Frau* leben muss, jedoch stilistisch herunterspielt. Jedenfalls hat sie sich in puncto Kleidung den Männern angepasst, indem sie ebenfalls einen schlecht sitzenden Anzug und bequeme Schuhe mit niedrigem Absatz trägt. Unter dem Aspekt *Styling* betrachtet, stellt sich die deutsche Wirtschaft nicht wirklich überzeugend dar. Aber auf Fashion kommt es hier auch gar nicht an: Es sind andere Kompetenzen, die in diesem Bereich gefragt sind. Außerdem funktionieren die Codes für einen gelungenen Auftritt je nach Milieu anders. Was im Kunstbetrieb hoffnungslos spießig wirkt, kann in der Welt der Wirtschaft Glaubwürdigkeit, Stabilität und Verlässlichkeit signalisieren.

27.
PATRIARCHAT IM SPÄTEN LEBEN

Heterosexuelle Männer über fünfzig, zumal beruflich erfolgreiche Akademiker, können, so sie denn einigermaßen attraktiv geblieben sind, unter zahlreichen Kandidatinnen für eine Partnerschaft auswählen. Ihre Anziehungskraft erhöht sich sogar mit zunehmendem Alter noch und zwar proportional zu ihrer intellektuellen Autorität. Und die Frauen, mit denen sie zusammenkommen, werden bei vielen systematisch immer jünger. Bei erfolgreichen Akademikerinnen hingegen ist es meistens umgekehrt, auch wenn sie sich im Vergleich zu ihren männlichen Kollegen oft viel besser gehalten haben. Sie mögen zwar über jüngere Verehrer verfügen, aber wenn es um eine ernsthafte Beziehung geht, treten zahlreiche Männer aus (buchstäblicher) Kastrationsangst die Flucht an. Wobei es natürlich auch die Frauen sein können, die sich von den jüngeren (ihnen möglicherweise intellektuell unterlegenen Männern) auch deshalb abwenden, weil sie eine gleichberechtigte Beziehung suchen. Daneben kann es auch vorkommen, dass sie für ihre punktuelle Überlegenheit mit Ressentiments und passiver Aggression in der Beziehung bestraft werden. Auf dieser gesellschaftlichen Ebene der späten Liebesbeziehung konservieren sich offenbar patriarchalische Strukturen, die hier recht naturwüchsig walten. Denn wie von selbst scheint es sich immer wieder zu ergeben, dass sich die älteren Männer sehr viel jüngere Partnerinnen suchen. Dass dahinter in Wahrheit ein patriarchales Strukturgesetz steht, wird selten thematisiert und man kann die Männer natürlich auch nicht dazu zwingen, mit Akademiker*innen* ihres Alters zusammen zu sein. Lässt man den Dingen ihren Lauf, dann scheint die übliche Logik zu greifen: Der reife Mann, der aus dem Vollen schöpft und unter einer Vielzahl von Kandidat*inne*n auswählen kann versus die reife Frau, die alleine bleibt. Interessanterweise sehen sich besonders aufgeklärte, Feminismusaffine Männer durchaus zur Rechtfertigung genötigt, wenn sie einmal mehr eine Beziehung mit einer sehr viel jüngeren Frau eingehen. Sie bleiben zwar bei dem Narrativ, dass es einfach so passiert sei, wo die Liebe eben hinfalle, aber sie geben einem im Gespräch zugleich auch zu verstehen, dass sie sich des Problems durchaus bewusst seien, wenn sie etwa ihre Erleichterung darüber bekunden, dass die Freundin nicht ganz so jung sei, wie sie aussehe. Wobei sie auf diese Weise natürlich auch indirekt ihren Stolz über ihre Beute ausdrücken, wie auch ihre Genugtuung darüber, dass sie aus der Sicht der jungen Frau immer noch attraktiv und begehrenswert erscheinen. Einige der älteren Akademiker sehen also durchaus, dass sie mit ihrem Beuteschema eine patriarchalische Struktur reproduzieren. Aber das Wissen um diese Struktur lässt sie nicht anders handeln, sie verbleiben vielmehr mit ihrer Partnerwahl in ihr. Patriarchy is here to stay.

28.
KUNSTWERK VERSUS LUXUSGUT

Das französische Manifest gegen das von Frank Gehry gebaute Museum Fondation Louis Vuitton fragt im Titel suggestiv, ob Kunst nur ein Luxusgut sei. So sehr ich diesem Aufruf an öffentliche Kunstinstitutionen, sich *nicht* dem Diktat mächtiger privater Stiftungen zu beugen, auch zustimmen würde, basiert er doch auf der (falschen) Annahme, dass Kunstwerke den absoluten Gegenpol zu Luxusgütern darstellen müssten. Seine Verfasser*innen finden es entsprechend besonders skandalös, wenn Künstler*innen heute mit der Gestaltung von Luxusboutiquen beauftragt oder wenn im Museum Vuitton-Handtaschen wie Kunstwerke auf Sockeln präsentiert werden. Ich musste unweigerlich daran denken, dass ich im *Großen Preis* die innere Verwandtschaft zwischen Luxusgut und Kunstwerk ebenso aufzuzeigen versuchte wie die Differenzen zwischen ihnen. Man könnte sagen, das singuläre Kunstwerk bildet die Folie für das Luxusgut. Luxusgüter orientieren sich an Kunstwerken nicht zuletzt deshalb, weil sie sich als singuläres Objekt mit einer Geschichte und einem Urheber (beispielsweise Louis Vuitton) präsentieren. So wie das Kunstwerk eng mit dem Namen seines Urhebers verflochten ist und dadurch Einmaligkeit beanspruchen kann, sucht auch das Luxusgut über den Namen seines Designers eine Aura des Einmaligen zu verströmen und dies, obwohl es in Wahrheit seriell und zumeist industriell hergestellt wurde. Umgekehrt hat aber auch das Kunstwerk viel mit dem Luxusgut gemein – wie das Luxusgut geht es nicht in rationalen Zwecken auf, setzt sich seine Zwecke selbst und dient auch dem sozialen Prestige seiner Besitzer*innen. Freilich wird mit Kunstwerken eine symbolische Bedeutung, ein Erkenntnisgewinn assoziiert, die die Luxusgüter grundsätzlich nicht leisten. Niemand würde von einer Neverfull-Tasche von Louis Vuitton erwarten, dass sie Wahrheitserlebnisse generiert. Dennoch ist es kein Zufall, dass die Luxus- und die Kunstsphäre derzeit so eng zusammenliegen: Ihre Produkte haben oft dieselben Adressat*innen und leisten in bestimmter

Hinsicht (Prestigegewinn, Manifestation von Geschmack und sozialer Zugehörigkeit etc.) Vergleichbares. Statt also eine absolute Polarität zwischen den Luxusgütern und den Kunstwerken zu konstatieren, sollte man lieber den Nachweis ihrer inneren Verwandtschaft führen, die sich in Form von personellen Überschneidungen, aber auch in strukturellen Differenzen manifestiert. Schließlich sind die Käufer*innen von Luxusgütern und Gegenwartskunst traditionell dieselben. Aber es gibt natürlich auch Kunstbetrachter*innen, die keine Luxusgüter konsumieren. In der Architektur und beim Interior Design nähern sich beide Sphären hingegen immer mehr einander an: Man denke hier nur an das obligatorische opulente Blumenbouquet, das sich sowohl in Luxusboutiquen als auch in markterfolgreichen Galerien findet. Für die zunehmende Nähe von Kunst- und Luxussphäre spricht darüber hinaus auch das neuere Design von Kaufhäusern, die sich in ihren Präsentationen am Design von Kunstmessen orientieren. So wie jede Galerie ihre Kunst in einer Koje präsentiert, stoßen wir auch in Kaufhäusern wie etwa dem Pariser Le Bon Marché oder dem Berliner KaDeWe auf Kojen, die mit der Signatur eines Designers oder Künstlers versehen sind.

29.

GERMANY'S NEXT TOPMODEL

Besonders bestürzend an der Sendung *Germany's Next Topmodel* finde ich, dass die jungen Frauen das ihnen hier widerfahrende hohe Maß an Erniedrigung bereitwillig in Kauf nehmen. Der Wunsch nach einem Hauch von Berühmtheit scheint derart ausgeprägt, dass im Gegenzug öffentliche Demütigungen in Kauf genommen werden. Auch das Gespür dafür, wie sie dort vorgeführt und der Lächerlichkeit preisgegeben werden, scheint ihnen ein wenig abhandengekommen zu sein. Vielleicht ist es die Aussicht auf den Gang über den Laufsteg, die derart viel positive Aufregung, Gekreische und Adrenalin erzeugt und damit das Perfide der Situation aus dem Blick geraten lässt. Bemerkenswert finde ich zudem, dass die an diesem Modelwettbewerb teilnehmenden jungen Frauen so dargestellt werden, als würden sie über wenig Selbsteinschätzung verfügen. Mit Vorliebe schwenkt die Kamera nämlich auf jene Teilnehmerinnen, die sich schon in der Rolle eines Supermodels wähnen, obgleich sie die dafür nötigen körperlichen Voraussetzungen für alle sichtbar nicht unbedingt mitbringen. In dieser Inszenierung von Selbstverkennung liegt womöglich der Schlüssel zu dem Erfolg dieser Sendung: So wie niemand sein Aussehen wirklich einschätzen kann, so wie sich jede/r in seinem Spiegelbild notwendig verkennt, fantasieren sich auch die GNTM-Teilnehmerinnen in ein anderes Selbstbild. Es würde das Format der Sendung außerdem sprengen, wenn sie die Lage reflektieren würden, in die sie in ihr gebracht werden. Wie Vieh in ihren Bikinis zusammentreiben kann man sie nur, wenn mit ihrem Widerstand nicht zu rechnen ist. Stattdessen wird dafür gesorgt, dass sie die gesamte Palette der Emotionen abliefern – von himmelhoch jauchzend bis zu Tode betrübt. Die Sendung legt es darauf an, starke Emotionen nicht nur zu generieren, sondern auch unmittelbar bei den Kandidatinnen abzuschöpfen. Je mehr diese nämlich zetern, bangen und heulen, desto intensiver zoomt die Kamera auf ihre von heftigen Emotionen gezeichneten Gesichter. Auch durch die hohen Schuhe, die den jungen Frauen von Anfang an verpasst werden, gibt man sie der Lächerlichkeit preis – denn sie können darin kaum laufen. In der Sendung wird gerne gezeigt, dass einige Eltern begeistert mitfiebern und die Perspektive ihrer Töchter durchaus teilen. Auch sie sind offenkundig der Meinung, ein paar Minuten im Fernsehen rechtfertigten massive Formen der Demütigung. Die Eltern haben die Erfolgsreligion der Wettbewerbsgesellschaft offenbar derart verinnerlicht, dass sie tatsächlich hoffen, ihre Tochter würde die Selektion überstehen. GNTM ist auch eine Art zweite Chance für all jene, die sonst kaum berufliche Optionen haben, weil sie arbeits- oder generell orientierungslos sind. Im Vergleich zu den Möglichkeiten, die sich zahlreichen Teilnehmerinnen in ihrem Leben sonst bieten würden, scheint die Teilnahme an GNTM wenigstens die Aussicht zu bieten, als Siegerin aus diesem neodarwinistischen Prozess der progressiven Auslese hervorzugehen. An dieser Fiktion, das Zeug zur Gewinnerin zu haben, halten alle Teilnehmerinnen beharrlich fest. Und die Faszination dieses Formats für die Zuschauer*innen scheint darin zu bestehen, dass sie dieser inszenierten Selbsttäuschung der Kandidatinnen beiwohnen können, während sie selbst deren Chancen realistischer einschätzen. Die jungen Frauen machen sich offenkundig etwas vor und zwar stellvertretend für die konstitutive Rolle, die die Selbstverkennung in unserer Wettbewerbsgesellschaft spielt. Eine solche Ökonomie verführt einen schließlich dazu, sich dort Chancen auszurechnen, wo diese eigentlich schlecht stehen. Die Zuschauer*innen von GNTM dürfen sich zudem in einer überlegenen Position wähnen, die sie dafür entschädigt, sich in ihrem Leben auch häufig in der Position des verzweifelten Hoffens und Bangens der Kandidatinnen wiederzufinden. Deren Wunsch, um jeden Preis weiterzukommen, ist ihnen folglich nur allzu vertraut. Und noch während sie den oft vergeblichen Kampf der jungen Frauen aus einer souveränen Perspektive auf dem Bildschirm verfolgen, können sie sich auch mit deren Gefühl identifizieren, individuell versagt zu haben und gescheitert zu sein.

30.
MADONNA STÜRZT

Wie eine Königin schritt Madonna bei diesem Auftritt in langer Robe, die von ihren Tänzer-Lakaien getragen wurde, auf die Bühne. Man hörte ihre Stimme oder genauer, eine Art Motivationsrede, mit der sie ihre Zuschauer*innen dazu animierte, zufrieden mit sich selbst zu sein, nicht ein/e andere/r sein zu wollen, keine Angst zu haben und sich nicht ständig zu fragen, was die anderen von einem halten. Dabei wirkte vor allem ihre Botschaft, sich nicht mit anderen zu identifizieren, vor dem Hintergrund, dass sie von genau diesem Identifikationsbegehren ihrer Fans lebt, reichlich paradox. Ihr Erfolg würde sich in Grenzen halten, wenn es nicht so viele Frauen ihrer Generation gäbe, die sich in ihr wiederfinden und an ihr orientieren. Nach dieser Prélude setzte sie zu ihrem neuen Stück *Living for Love* an, verhedderte sich jedoch in ihrer Robe und fiel rückwärts die ziemlich hohen Treppen herunter, rappelte sich sogleich wieder auf und sang, sichtlich unter Schock stehend, weiter. Es gab diesen eigentümlichen Moment, in dem man nur die Synchronstimme singen hörte, da ihre Stimme ausfiel, was die Tänzer*innen in eine kurze Schreckstarre versetzte. Dann aber setzte ihre Stimme wieder ein, so als wäre gar nichts vorgefallen. Man hätte das Ganze für eine Inszenierung passend zum Stück halten können, in dem es schließlich auch darum geht, dass Madonna, obwohl oft *gefallen* (etwa aus Liebeskummer), immer weitermacht. „I will carry on" lautet entsprechend der Refrain dieses Songs, dessen Bedeutung nun einen buchstäblichen Charakter annahm: Auch nach dem Treppensturz fuhr sie demonstrativ fort, zu singen. Madonna hat es oft geschafft, aus ihrer partikularen Situation und Befindlichkeit etwas universal Anschließbares zu machen, als wäre sie unsere Stellvertreterin. Der Elan der Ausnahmefrau, die sich nicht unterkriegen lässt, überträgt sich auch bei diesem Song auf die Zuhörer*innen. Sie haben dann das Gefühl, dass es auch bei ihnen weitergeht. Diese Übertragungsenergie ist die eigentliche Triebkraft der guten Madonna-Songs, ein Potenzial, das auch noch Jahre später funktioniert, etwa bei Stücken wie *Celebration*. Vielleicht ist es auch die starke Präsenz von religiös-katholischen Motiven, die mich an Madonnas Songtexten fasziniert. Auf ihrer neuen Platte, *Rebel Heart,* ist jedenfalls ständig von Sünde, Vergebung und Wiederauferstehung die Rede. Und am Bekenntnischarakter ihrer Lyrics kann seit *Confessions on a Dancefloor* ohnehin kein Zweifel bestehen, wobei der Beichtstuhl hier bezeichnenderweise durch den Club und die Tanzfläche ersetzt wurde, was Distanz zur Institution der Kirche schafft. Oft gehen die religiösen Motive in ihren Texten eine eigentümliche Symbiose mit neoliberalen Idealen ein, so etwa in Form von Durchhalteparolen wie „Du kannst es schaffen, wenn Du nur willst" oder „Dein Ziel ist nahe". Madonna suggeriert auf diese Weise, dass ihr Weg der Ausnahmefrau auch anderen offen steht. In Wahrheit ist es natürlich umgekehrt: Eben weil sie den Platz der Ausnahmefrau erfolgreich besetzen konnte, können andere ihn strukturell gesehen *nicht* einnehmen. Es fällt zudem auf, dass ihre im Geständnismodus vorgetragenen Songtexte häufig mit einer massiven Ablehnung der Psychoanalyse einhergehen. Ständig wird man dazu aufgefordert, sich nicht in der Vergangenheit aufzuhalten und nicht andauernd Probleme zu wälzen, sondern nach vorne zu blicken. Zwischen Madonnas Weigerung, das Hineinragen der Vergangenheit in die Gegenwart anzuerkennen und ihrem Aufrufen von katholischen Motiven aus ihrer Kindheit scheint mir jedoch ein Widerspruch zu bestehen, der die unauflösbare Spannung ihrer Songtexte ausmacht. Bemerkenswert finde ich darüber hinaus, dass Madonnas Stimme nicht zu altern scheint, was aber vielleicht auch das Resultat digitaler Bearbeitung ist.

31.
EXZERPTE

Mit Exzerpten ist es wie mit den tief vergrabenen Kleidern in meinem Kleiderschrank: Verwende oder trage ich sie nicht sofort, dann vergesse ich sie. Wie vernachlässigte Kleider liegen die zahlreichen Mitschriften meiner Lektüren zur Malerei ungenutzt in einer Datei. Statt zu realisieren, dass ich eigentlich längst genug gelesen, respektive, auf die Kleidersituation übertragen, genug in meinem Schrank habe, fange ich immer wieder bei null an. Mir geht es an dieser Stelle so wie jemandem, der den Schrank voller Klamotten hat und glaubt, nichts zum Anziehen zu haben. Heute habe ich deshalb beschlossen, mir jede einzelne meiner Mitschriften durchzulesen, sie auszudrucken und einen neuen Handapparat anzulegen. Eine vergleichbare Maßnahme liegt auch für meinen Kleiderschrank an, der ebenfalls ausgemistet werden muss. Eine weitere Parallele zwischen den abgelegten Mitschriften und den Kleidern im Schrank sehe ich auch darin, dass ich sowohl dem bereits Getragenen als auch dem bereits

Geschriebenen im Zuge der erneuten Sichtung ganz neue Seiten abgewinnen kann. So wie ich plötzlich andere Passagen unterstreiche und wichtig finde, stoße ich auf alte vernachlässigte Kleider, die mir plötzlich extrem tragbar erscheinen.

32.
TISCHORDNUNG

Die Tischordnungen bei den Dinnern nach Galerieeröffnungen sind auf besondere Weise hierarchisch motiviert und organisiert. Mit schöner Regelmäßigkeit wird hier ein Katzentisch für die Galeriemitarbeiter*innen eingerichtet, an den auch die als unbedeutender geltenden Kurator*innen oder Kritiker*innen gesetzt werden. Den zentralen Platz am *wichtigsten* Tisch nimmt selbstredend die/der ausstellende Künstler*in ein, flankiert von ihrer/seiner Galerist*in und den potentesten Sammler*innen. Wie bei Hofe geht es von Tisch zu Tisch dann stufenweise abwärts – bis zum Fußvolk. Gestern, während eines solchen Dinners, kam mir zum ersten Mal der Gedanke, dass es bei diesen Tischordnungen nicht nur darum geht, die Rangordnungen der Kunstwelt abzubilden und zu reproduzieren, sondern auch darum, überraschende Querverbindungen zu verhindern. Wenn zum Beispiel die schwerreiche Sammlerin exklusiv von der Galeristin betreut und abgeschirmt wird, kann erstere keinen Kontakt zu anderen Gästen aufnehmen, die sie eventuell auch beraten oder ihr etwas verkaufen könnten. Qua Tischordnung wird also im Grunde genommen ein protektionistisches System konserviert. Kritiker*innen spielen nur eine marginale Rolle in dieser Ordnung, wobei in den letzten Jahren mit dem Eintritt der Gesetze der Celebrity-Kultur in die Kunstwelt zunehmend dafür gesorgt wurde, dass neben den Vertreter*innen der Fachpresse auch die Lifestyle-Presse erscheint. Leute aus der Fashion-Szene sind inzwischen ebenfalls gern gesehene Gäste. Mithilfe dieser Dinner wird eine soziale Ordnung etabliert, die nicht umgestoßen, sondern nur – etwa in Form eines

Platzwechsels – punktuell leicht verschoben werden kann. Entsprechend fangen die Gäste schon beim Dessert damit an, sich endlich frei zu bewegen und andere Plätze einzunehmen. Zuvor waren sie stundenlang auf ihrem Stuhl festgenagelt, zum Gespräch mit den Leuten verdammt, die ihnen als Tischnachbar*innen zugewiesen wurden. Jahrelang bin ich grundsätzlich neben ältere, konservative Herren gesetzt worden, wohl in der Hoffnung, dass ich sie mit provozierenden Bemerkungen ein wenig unterhalten würde. Mein der Kunstwelt nur am Rande zugehöriger Lebenspartner hingegen findet sich im Rahmen dieser problematischen Hierarchie oft weit abgeschlagen neben dem Grafiker der Galerie oder einer Künstlerwitwe sitzend wieder, wobei letztere neulich aus Protest gegen ihre sichtbar marginale Platzierung demonstrativ früh nach Hause ging. Es ist im Übrigen auch anstrengend und unerquicklich, sich die impliziten Hierarchien der Tischordnung auf diese Weise zu vergegenwärtigen. Denn einmal mehr sieht man sich mit der Feststellung konfrontiert, dass man innerhalb dieses sozialen Universums aus der Sicht der Gastgeber*innen einen bestimmten Platz einnimmt. Man wähnte sich zwar längst woanders, wird aber mit Wucht auf seinen eigentlichen Platz innerhalb dieser Rangordnung verwiesen. Dort sitzend erscheint das Aufbrechen dieser Festschreibung wie ein Ding der Unmöglichkeit.

33.
SNEAKERS

Es ist ein ganz besonderes Schauspiel, das sich derzeit auf den Straßen der westlichen Metropolen abspielt: Nur noch eine kleine Minderheit von Frauen stöckelt in High Heels umher, die meisten tragen unisono Sneakers. Wie so vieles in der Mode ist auch diese Sneakers-Konjunktur auf die Direktiven von Karl Lagerfeld zurückführen. Nachdem er seine Models vor circa zwei Jahren in Sneakers (sogar in Kombination mit dem finalen Hochzeitskleid) über den Laufsteg geschickt hatte, setzte eine Art „Trickle-Down-Effekt" ein, dessen Folgen wir nun erleben.

Der Aufstieg des Sneakers zum Fashion-Item zeigte sich zunächst in Luxusboutiquen, wo die besonders teuren Modelle plötzlich angeboten wurden. Auch die Verkäufer*-innen, die jahrelang Absätze tragen mussten, hatten nun Sneakers an. Auf den sozialanthropologischen Subtext dieser Mode hat Lagerfeld selbst hingewiesen, als er bemerkte, dass Models in Sneakers ganz anders laufen und viel freier die Treppen herunterspringen würden. Und mit dieser, von ihm zu Recht konstatierten Erfahrung zunehmender körperlicher Freiheit, wächst natürlich auch der Unwille, sich weiterhin durch High Heels drangsalieren zu lassen. Für das sneakerbedingte Mehr an Beweglichkeit und Bequemlichkeit scheinen es zahlreiche Frauen aber auch in Kauf zu nehmen, dass sie von der Körpergröße her kleiner wirken. Dieser Nachteil wird jedoch durch den leicht federnden Gang aufgewogen, der viel cooler wirkt als das angestrengte Balancieren auf einem Stöckelschuh. Für bestimmte Anlässe – Abendveranstaltungen oder Vorträge – bevorzuge ich jedoch nach wie vor Schuhe oder Stiefel mit kleinem Absatz. Ich kann hier natürlich nur für mich sprechen, aber bei solchen Gelegenheiten verhelfen mir Absatzschuhe samt ihres Größeneffekts zu einem gefühlt souveräneren Auftritt. Tagsüber hingegen, wenn ich meine Tochter zur Schule bringe oder im Erledigungsmodus herumrenne, trage auch ich konsequent Sneakers. Von Isabel Marant gibt es inzwischen eine Variante mit einem eingebauten „hidden heel“, der einen größer wirken lässt. Nur sieht man es der Form dieser unförmig-klumpigen Sneakers leider sofort an, dass sie von innen aufgepolstert wurden. Wenn ich mich derzeit auf den Straßen umsehe, erblicke ich nur Sneakers um mich herum, sogar bei jenen Frauen, die morgens im strengen Kostüm ins Büro eilen. Tagsüber scheint sich niemand mehr den High-Heel-Stress antun zu wollen. Vielleicht hat es sich auch mittlerweile herumgesprochen, dass das Tragen von High Heels die Entstehung eines sogenannten Hallux valgus begünstigt. Vorbeugen kann man hier angeblich nur, indem man konsequent flache und bequeme Schuhe trägt. Es ist aber nicht nur dieser funktionale Aspekt, der die Frauen jedes Alters in die Sneakers treibt. Der durchschlagende

Erfolg dieser Mode hängt vor allem mit dem ihr impliziten Befreiungsschlag zusammen, auf den alle sehnlichst gewartet haben. Bleibt abzuwarten, ob und wann diese modische Phase des auf bequemen Sohlen Laufens vorbei sein wird.

34.
BIOPOLITIK AUF IBIZA

Auf dem wasserfesten Armband, das zum vergünstigten Eintritt ins Space berechtigte, stand es kleingedruckt: Noch mehr Rabatt bekäme man, wenn man sich das Motto der Party als Tattoo in die Haut ritzen lasse. Mittels Tätowierung steigt man so zum lebenslangen Mitglied der Space-Community auf, wofür man im Gegenzug einen kleinen Preisnachlass erhält. Das ist Biopolitik im fortgeschrittenen Stadium: Der Körper wird zum Gegenstand eines Club-Marketings, das sich unmittelbar in ihn einzuschreiben versucht, indem es auf die freiwillige Mitarbeit des Körperträgers zielt. Es geht letztlich darum, die Party-People noch intensiver und tiefgreifender an den Club zu binden. Den Leuten, die sich dieses Tattoo tatsächlich stechen lassen, wird das Gefühl gegeben, einer bestimmten Club-Community anzugehören – ein Privileg, das im vergünstigten Eintritt seine Bestätigung findet. Wer sich auf diesen Deal einlässt, muss aber auch dazu bereit sein, den eigenen Körper als einen Einsatz zu sehen, der lebenslang einer anderen Macht (in diesem Fall dem Club) überantwortet wird.

35.
SPIRALEN DER ERINNERUNG

Auf Ibiza spürte ich ganz deutlich, dass Marcel Proust mit seinen Überlegungen zum Gedächtnis richtig lag. Man erinnert sich eigentlich an gar nichts, konstruiert sich vielmehr in retroaktiver Verklärung seine eigene Vergangenheit zusammen. Doch es gibt auch diese sinnlich induzierten Momente, wo das alte Ich plötzlich ans

Fenster des Bewusstseins klopft. Auf Ibiza war es analog zu Prousts Madeleine der gleichgebliebene Geruch der zum Strand führenden staubigen Straßen, der mich mit meinem früheren Körper- und Lebensgefühl in Kontakt treten ließ. Dieser Geruch erlaubte es mir, den Zustand der grenzenlosen Entspanntheit nachzuleben, in dem ich mich damals nach dem Baden befand, buchstäblich mit Salz auf meiner Haut. Das alte Körper- und damit verbundene Glücksgefühl, obwohl scheinbar unwiderruflich verloren, schien zu mir zurückzukehren. Auch als ich die Silhouette von Ibiza-Stadt aus dem Auto erblickte, stellte sich der alte Enthusiasmus wie ein Unterton ein, der sich jedoch mit meinem neuen Ich vermischte. Ich war längst eine andere geworden und sah mich doch mit dem Echo meines alten, euphorischen Ibiza-Ichs konfrontiert. So etwa auch am sogenannten Tekkno-Strand Sa Trinxa, wo nach mehr als zwölf Jahren immer noch die gleiche, mit grünem Kunstrasen bespannte Planke wie ein Catwalk ins Wasser führt. Über diesen Steg zu gehen bedeutet, sich unwillkürlich den Blicken der anderen auszusetzen, die ohnehin am Strand liegend nichts anderes tun als voyeuristische Körperbetrachtung zu pflegen. Mein Körper ist jedoch nicht mehr der junge Körper von damals, ich bin inzwischen zwölf Jahre älter geworden und kann nicht mehr mithalten mit den knackigen Pos. Auf einem Foto, das jetzt am Strand von mir gemacht wurde, nehme ich lustigerweise die Pose von damals ein, als wäre mein jüngeres Aussehen auf Ibiza kurz wieder in mich hineingetreten. In Wahrheit ist mein Körper längst von Alterungsprozessen gezeichnet und auch meine mentale Verfassung von den zahlreichen Narben geprägt, die mir das Leben seither zufügte.

36.
SPA-PAINTING

Seit Jahren schon zielen Kosmetikfirmen mit ansprechenden Darstellungen von cremigen, den Körper pflegenden Substanzen auf einen sinnlichen Effekt, der sich an der haptischen Materialität der Malerei orientiert. Man könnte es auch umgekehrt formulieren: Mit flüssigen, cremigen oder satt schimmernden Pigmenten erwecken auch gemalte Bilder den Eindruck einer Körperlichkeit, die die Betrachter*innen sinnlich anspricht. Gestern im Sportclub habe ich einmal mehr ein solches Spa-Plakat studiert, auf dem der Körper einer jungen Frau, genauer ihr Rücken, zu sehen war, auf den gepflegte Hände eine cremige weiße und malerisch anmutende Essenz verteilen. Auch der Nagellackhersteller Essie setzt derartige Effekte in seinen Plakaten ein: Wie eine saftig glänzende Farbwelle rollt der Nagellack hier auf einen zu, was ein haptisches Begehren nach einer solchen opak glänzenden Substanz auslöst, die den Nagel unter sich begräbt. Der Nagel wird zum Träger einer undurchdringlich glatten Farbschicht, deren satter Glanz an die Oberflächen von Luxusgütern, etwa Sportwagen, erinnert. Durch den Nagellack mutiert der Finger zu einem lackierten Fetisch, der, analog zum Warenfetisch, seine eigentlichen Bedingungen (spröder rissiger Nagel) überdeckt. Einen vergleichbar haptischen Effekt bewirkt die pastos auf Leinwände geschmierte, satt glänzende Farbe. Nur verweist sie im Unterschied zum Nagellack auf einen malerischen Prozess und bringt dadurch auch das malende Subjekt ins Spiel, das geisterhaft im gemalten Bild anwesend zu sein scheint.

37.
FRAU ACHENBACH

Der Titel *Meine Wäsche kennt jetzt jeder* des Buches von Dorothee Achenbach schreckt aufgrund seines reißerischen Charakters ein wenig ab. Da das Genre „Bericht der betrogenen Ehefrau" in ihm jedoch durch den kunstpolitisch relevanteren „Bericht der Frau eines kriminellen Kunstagenten" ergänzt wird, habe ich es dennoch gelesen. Schon auf den ersten Blick fallen eigentümliche Widersprüche ins Auge, die der/dem Lektor*in eigentlich nicht entgangen sein dürften. So nennt der Klappentext beispielsweise Helge Achenbach als Protagonisten beim Namen, während er im Buch Krämer heißt. Warum hat ihm die Autorin ein Pseudonym verpasst, wenn doch die Leser*innen darüber informiert werden, um wen es sich handelt? Sogar einige von Achenbachs persönlichen Entschuldigungsbriefen an seine Frau und Familie sind abgedruckt worden: Sie demonstrieren leider vor allem, wie unglaubwürdig Gefühle wirken, wenn sie zur klischeehaften Formel erstarren. Zwar wiederholt er mantragleich, wie leid ihm alles tue, aber sein Ton ist dabei so selbstgerecht, als würde er sich in seinem Elend suhlen. Es bleibt auch ein Rätsel, warum die Verfasserin diesem Ehemann, der sie nicht nur betrogen hat, sondern sich in ihrer Darstellung sogar als ein Krimineller erweist, in diesem Buch die Stange hält. Dabei hat sie auch sonst nichts Gutes über ihn zu berichten: In schöner Regelmäßigkeit habe er den Hochzeitstag vergessen und ihr nichts zum Geburtstag geschenkt. Die Darstellung ihres Gefühls- und Innenlebens angesichts des Verlustes von Status und Vermögen gerät ein wenig blass, zumal die Autorin hier auf Standardformeln wie „mir ging es sehr schlecht“ zurückgreift. Als besonders irritierend habe ich ihren Hang zum Galgenhumor und die Grobheit ihrer Sprache empfunden. In dieser Hinsicht fühlte ich mich an die zahlreichen Darstellungen von enttäuschten bürgerlichen Ehefrauen erinnert, wie man sie in den Damenumkleidekabinen von Fitnessstudios hören kann. Während die Autorin in ihrem Buch wiederholt versichert, an den Kunstgeschäften ihres Mannes nie beteiligt gewesen zu sein, wird auf dem Buchumschlag angegeben, dass sie als Kunstberaterin gearbeitet habe. War sie also doch für ihn tätig? Man spürt deutlich, dass sie ihre Worte an einigen Stellen mit Bedacht im Hinblick auf mögliche Folgeklagen der Aldi-Witwe wählen musste. Gerne hätte man auch mehr darüber gewusst, wie die Kinder der Achenbachs den Gefängnisaufenthalt ihres zuvor so mächtigen und erfolgreichen Vaters verarbeitet haben. Es ist zwar die Rede davon, dass sie traumatisiert gewesen seien, aber wie genau sich diese Traumatisierung äußerte und auswirkte, wird nicht beschrieben. Wer hofft, durch dieses Buch einen tieferen Einblick in die Transaktionen der Kunstwelt zu erhalten, wird ebenfalls enttäuscht. Man erfährt diesbezüglich nichts, was man nicht schon in der Presse hätte lesen können. Es verkauft sich trotzdem gut – wohl weil es die Aussicht auf einen Blick in die Psychodynamik der Familie beim Auffliegen des Betrugs nährt, die es leider nur begrenzt einlöst.

38.
ELTERNABEND

Anlass für diesen Elternabend sollte das Kennenlernen der neuen Deutschlehrerin sein. Doch die Eltern nutzen ihn auch, um miteinander ins Gespräch zu kommen. Ich stellte mich dem Vater des Mädchens vor, das kürzlich mit seiner Familie aus Syrien nach Berlin geflüchtet war und jetzt in die Klasse meiner Tochter aufgenommen wurde. Er schilderte mir die Schwierigkeiten seines neuen Lebens: Seinen ursprünglichen Beruf als Buchhalter könne er hier aufgrund der anderen Gesetzeslage nicht ausüben und deshalb müsse er ganz von vorne anfangen. Im Moment wohne er mit seiner Familie bei Freund*innen, er versuche jedoch, eine eigene Wohnung zu finden. Offenkundig gehörten er und seine Familie zu den privilegierteren Menschen in Syrien, die über Verbindungen ins Ausland verfügten. Er erzählte mir zudem, dass ihm in der Schule viel Unterstützung entgegengebracht würde. Im Moment arbeite er in ihrer Verwaltung mit, um sich in die deutschen administrativen Abläufe einzuarbeiten. Auch ich bot ihm meine Unterstützung an: Er solle sich jederzeit bei mir melden, falls er ein Problem habe oder Hilfe benötige. Sehr deutlich spürte ich anschließend die Kluft zwischen seiner existenziell bedrohlichen und meiner vergleichsweise privilegierten Situation – eine Kluft, die auch meine Empathie und Anteilnahme nicht zu schließen vermochte. Aufgewühlt und ratlos rief ich eine in der Flüchtlingsfrage engagierte Freundin an und sprach mit ihr über meine spontane Idee, jedem Hotel in Berlin vorzuschlagen, eines seiner Zimmer Geflüchteten zur Verfügung zu stellen. Sie erzählte, dass es demnächst eine Auktion bei Christie's gäbe, mit deren Erlös man eine solche Hotelinitiative vielleicht starten könne. Auch andere Projekte zur Unterstützung von Flüchtlingen sind von ihr initiiert worden, was ich sehr beeindruckend und nachahmenswert finde. Gerne würde ich aus meinem Hamsterrad, aus der von mir so genannten „Pflichthölle" aussteigen, um mich ebenfalls stärker zu engagieren. Zahlreichen meiner Freund*innen geht es ähnlich wie mir: Man möchte etwas tun und bleibt doch gefangen in einem Alltag, in dem man dauerhaft unter Druck zu stehen und keine Kapazitäten mehr frei zu haben glaubt. Auch wenn das nach einer wenig überzeugenden Entschuldigung klingt: Mein Leben ist derzeit fürchterlich durchgetaktet, es gelingt mir kaum, meine eigenen Vorhaben zu realisieren. Machbarer erscheint es mir unter diesen Umständen, in meinem Rahmen, also mithilfe von Texten oder Zeitschriftenausgaben, aktiv zu werden. Entsprechend planen wir mit Kolleg*innen von *Texte zur Kunst* im Moment ein Heft zum Thema „wir versus ihr".

39.
HANDGESCHRIEBENE TRAUERPOST

Warum wird bei Trauerbriefen eigentlich so viel Wert darauf gelegt, dass sie *handschriftlich* verfasst werden? Um den Ernst der Angelegenheit, ihren offiziellen Charakter zu betonen? Oder geht es vielmehr darum, die eigene emotionale Betroffenheit via Handschrift zu transportieren, zumal unsere Schrift ja eine physische Verbindung zu uns unterhält und als Existenzspur empfunden werden kann? Ich denke, dass die Handschrift für die Trauerpost auch deshalb Verwendung findet, weil sie eine Anwesenheit der Schreibenden bei faktischer Abwesenheit suggeriert, die mit der Todeserfahrung korrespondiert. Wer handschriftlich einen Trauerbrief schreibt, produziert ein Dokument, das denen ähnelt, die die/der Verstorbene hinterlassen hat, mit dem Unterschied jedoch, dass die/der Verfasser*in des Trauerbriefs noch lebt. Wenn ich die handschriftlich verfassten Briefe meiner verstorbenen Mutter lese, kann ich ihre Gegenwart durch ihre Schreibweise hindurch spüren: Sie scheint in ihrer expansiven, schwer leserlichen Schrift mit Rechtsdrall buchstäblich gegenwärtig zu werden, was ihre faktische Abwesenheit umso schmerzhafter ins Bewusstsein ruft. Mit der Konvention des handschriftlich verfassten Trauerbriefs wird zudem auch Respekt gegenüber den Toten und den Mittrauernden bezeugt. Sich hinzusetzen und einen Brief an die Angehörigen zu schreiben, signalisiert ihnen schließlich, dass man Zeit aufgewendet und sich Mühe gemacht hat. Statt mit einer schnell geschriebenen E-Mail über den Tod der Mutter zu informieren, hat man eigens Briefpapier mit Trauerrand besorgt und den handschriftlich geschriebenen Brief zum Postamt gebracht. Neben Kopien der Trauerpost habe ich auch die wichtigsten und schönsten Briefe meiner Mutter in einem Ordner abgelegt und sortiert. Falls ich die Kraft haben sollte, werde ich sie bei Gelegenheit einmal wieder lesen.

40.
KINDERWAGEN UND ROLLSTÜHLE

Am Anfang und am Ende des Lebens steht ein Gefährt: Entweder es ist ein Kinderwagen, in den man als hilfloses Baby hineingelegt oder ein Rollstuhl, in dem man wegen Altersschwäche oder Krankheit herumgefahren wird. In beiden Fällen ist die Abhängigkeit zur schiebenden Caretaker-Person recht ausgeprägt. Für Menschen, die auf diese Weise befördert werden – ob Babys oder Alte – wird zumeist der Bürgersteig benutzt. Am Straßenverkehr können sie noch nicht oder nicht mehr teilnehmen. Beim Baby oder bei Kleinkindern sind es in der Regel die Eltern oder die sogenannten Fremdbetreuer*innen, die den Wagen schieben, während ältere Menschen von Pfleger*innen oder Verwandten in ihren Rollstühlen bewegt werden. Der Kinderwagen wird mit einem gewissen Grad von Zukunftseuphorie assoziiert, während der Rollstuhl für ein körperlich eingeschränktes Leben steht. Während das Baby in seinem Gefährt auf sein zukünftiges Leben zurollt, ist die alte Person im Rollstuhl – wenn sie, wie mein Vater, einen schweren Schlaganfall hinter sich hat – dabei, sich aus dem Leben zu verabschieden.

41.
WEIHRAUCHNEBEL

Während der katholischen Hochmesse am 31. Dezember 2015 (in der Stankt Hedwigs-Kathedrale) wurde in regelmäßigen Abständen sehr viel Weihrauch versprüht, der sich sogleich in alle Richtungen im Raum verteilte, sodass die Kirche von Nebelschwaden durchzogen erschien. Das liturgische Geschehen war fortan wie in eine Wolke gehüllt und wirkte entsprechend unscharf und jenseitig – nicht von dieser Welt. Zwar ist es nicht besonders originell, Analogien zwischen sakralen Ritualen und den Ritualen der säkularisierten Welt zu bilden, aber der Vergleich zwischen diesem, die Kirchenbesucher*innen einhüllenden Nebel und den Nebelschwaden in einem Club lag einfach nahe. Auch in Clubs werden schließlich in regelmäßigen Abständen Nebelschwaden produziert und zwar dann, wenn es zu einem musikalischen Crescendo kommt. Und der Nebel sorgt sowohl im Club als auch in der katholischen Kirche dafür, dass man in eine Art Trance-Zustand verfällt. Die Welt um einen herum nimmt plötzlich unscharfe Konturen an und man findet sich in einem anderen Raum-Zeit-Kontinuum wieder. Ob sich die Erfinder des Disco-Nebels wohl am Vorbild des Weihrauchs orientiert haben? Einen Zusammenhang zwischen diesen Ritualen sehe ich auch auf der funktionalen Ebene. In beiden Fällen geht es darum, die Anwesenden – ob bei der Messe oder im Club – von der Last ihrer irdischen Existenz für eine gewisse Zeit zu befreien. Qua Nebel können sie in neue Sphären eintauchen. Auch die anderen Menschen im Raum sind nur noch schemenhaft erkennbar. Es ist, als würde die gesellschaftliche Realität ihre Schärfe verlieren, alles erscheint in ein milderes Licht getaucht. So stelle ich mir das Leben im Himmel vor (falls es ein solches überhaupt gibt): wie mit Weichzeichner gemalt und von den Härten des Lebens befreit.

42.
MAILBOX

Heute hatte ich zum ersten Mal nach dem Tod meiner Mutter den Mut, mir ihre letzte Nachricht auf der Mailbox anzuhören. Ihre anderen Nachrichten hatte ich (leider) bereits gelöscht. Zwar ist mir ihre Stimme in diesen Trauertagen sehr präsent und ich meine zuweilen, dass sie zu mir sprechen und mich zu beruhigen versuchen würde. Ihre Botschaft lautet eigentlich immer, ihr Tod sei genauso abgelaufen, wie sie ihn sich vorgestellt und gewünscht habe: Alles sei gut so wie es jetzt ist. Sehr zufrieden äußert sie sich in diesen imaginären Botschaften auch über die Art und Weise, wie wir ihre Beerdigung organisiert und inszeniert haben. Das hätten wir gut gemacht. Obwohl sie eigentlich permanent in meinen Gedanken zu mir spricht, war es trotzdem ein Schock, ihre auf meiner Mailbox aufgezeichnete Stimme *live* zu hören. Sie klang unglaublich vital – dabei datierte ihre Nachricht vom 20. Oktober 2015. Nur einen Monat später sollte sie bereits tot sein. In dieser Message fragt sie mich, ob es okay wäre, wenn sie meinen Ex-Mann mit meiner Tochter in den Herbstferien zu sich nach Hamburg einladen würde oder ob dies ein „abartiger Vorschlag" wäre? Mit dem Wort „abartig" bewies sie ein Gespür dafür, dass ihr Vorschlag natürlich eine Zumutung für mich war. Statt mich direkt zu bitten, ihr ein Treffen mit ihrer Enkeltochter zu ermöglichen, schlug sie den Umweg über meinen Ex-Mann ein. Rückblickend bin ich aber dankbar dafür, dass sie mich wenigstens vorab fragte, statt einfach eigenmächtig zu handeln. Ich fühle mich im Nachhinein schlecht, wenn ich bedenke, wie heftig meine Ablehnung ihres Vorschlags damals in einem Telefonat mit ihr ausfiel. Ich hätte verstehen müssen, dass sie sich einfach nicht traute, mir ihren Wunsch, ihr Enkelkind zu sehen, direkt mitzuteilen. Wahrscheinlich ging sie davon aus, ich sei ohnehin zu beschäftigt und zu einer Reise in die ungeliebte Heimatstadt nicht bereit. Rückblickend denke ich, dass ich in diesem Gespräch durchaus netter und verständnisvoller auf ihren Vorschlag hätte reagieren können, zumal sie mich in ihrer

Mailbox-Nachricht „mein Schatz“ nennt, was mich jetzt enorm rührt. Sie hoffe zudem, dass es mir gut gehe und freue sich auf einen Rückruf. Ist das jetzt wirklich das letzte gespeicherte Wort, das meine Mutter an mich gerichtet hat? Heute konnte ich einfach nicht begreifen, dass sie tot ist. Ich rief testweise bei ihr zuhause an, ihre Nummer ist bei mir immer noch unter „Mamafestnetz“ gespeichert. Aber da war nur die Mailbox und ich musste realisieren, dass ihr Körper nie wieder in ihrem Haus sein wird, sondern sich jetzt, wahrscheinlich schon stark verwest, unter der Erde auf dem Friedhof in Hamburg-Nienstedten befindet. Ich kann wirklich nur hoffen, dass all die Geistlichen, die über das Nichtverstehbare eines jenseitigen Lebens nachdenken, mit ihrer Annahme Recht haben, da sei nach dem Tod etwas, das sich unserer Vorstellungskraft entzieht. Gerne würde ich mich diesem Glauben anschließen, aber ich habe meine Zweifel und fürchte, dass da vielleicht gar nichts ist. Fest steht jedenfalls: Ich werde die Stimme meiner Mutter in diesem Leben nie wieder hören.

43.
EIN STÜCK VON RENÉ POLLESCH

Die gängige Kritik an so gut wie jedem Pollesch-Stück lautet, es verliere mit der Zeit an Spannung und falle nach der ersten halben Stunde ein wenig ab. Ich glaube hingegen, der Sinn dieser abfallenden Kurve in seinen Stücken besteht darin, die Zuschauer*innen auf sich selbst und ihre Situation im Theater zurückzuwerfen. So auch gestern bei *Service/No Service*, wo schon die zwischengeschalteten Musikstücke dafür sorgten, dass man mit seinen Gedanken alleine blieb und dem Gesehenen und Gehörten nachsinnen konnte. Das Stück nimmt den Abschied von der alten Volksbühne selbst in die Hand: An die Stelle der Bestuhlung ist eine Betonrampe getreten, auf der das Publikum recht unbequem zum Sitzen kommt. Das bevorstehende Ende einer Ära wird durch diese Abrisssituation für alle körperlich erfahrbar gemacht. Dem Frank-Castorf-Nachfolger soll die Volksbühne offenkundig leer, also unmöbliert („besenrein“), übergeben werden. Wie um die unwägbare Zukunft der Volksbühne zu illustrieren, werden die Zuschauer*innen ständig aufgescheucht, müssen aufstehen und Platz machen, etwa für eine Brecht'sche Theaterkarre, die durch das Publikum hindurchgeschoben wird. Die dadurch entstehende Unruhe steht sinnbildlich dafür, dass in diesem Theater in Zukunft mit allem zu rechnen ist. Man wird sich auf eine neue Situation „flexibel“ einstellen müssen, wobei diese Flexibilität hier exemplarisch dem Publikum zugemutet wird, das sich ständig bewegen muss. Der erste Monolog, den die Schauspielerin Kathrin Angerer spricht, ist fantastisch: Sie versucht die Tatsache herunterzuspielen, dass sie in ihrer Rolle der Elektra irgendwann verstummt und deshalb zu früh von der Bühne abtreten muss. Obwohl die Schauspielerin in diesem Monolog ununterbrochen redet, weist sie auf eine Zukunft hin, in der sie sprachlos sein und die Volksbühne verlassen haben könnte. Die Rede vom Verstummen ist dabei auch als Metapher für die Situation an der Volksbühne zu lesen. Der Bühnenbildner Bert Neumann verstarb kürzlich und verstummte ebenfalls zu früh. Immer wieder ist von Manufactum-Stühlen die Rede, die demnächst besorgt würden: Dies illustriert den Wechsel zum „Schönen“, womit natürlich die Sphäre der bildenden Kunst gemeint ist, für die der neue Intendant Chris Dercon stellvertretend steht. Gut fand ich auch die Überlegungen zur aktuellen Situation der Linken: So wurde diagnostiziert, dass sich der Einzelne vom „großen Ganzen“ oder vom „Weltgeist“ abgekoppelt fühlen würde. Wo früher noch Hoffnung bestanden hätte, würde heute *ohne Hoffnung* weitergemacht. Die Musikpausen zwischen derartigen Befunden dienten meines Erachtens dazu, einen Puffer einzubauen: Man kann nachdenken über das bisher Gesagte und Gesehene. Ein gängiger Pollesch-Topos ist auch der Übergang vom Kollektiv in ein dem neoliberalen Anforderungsideal entsprechendes „Team.“ Wobei das Team bei ihm lustigerweise noch autoritärer agiert als der schlimmste Autokrat. In diesem Stück ist es der Chor, der den Regisseur spielt – eine monströse Multitude, die nur beleidigt und beschimpft. Dass man sich angesichts der zahlreichen Wiederholungen durch dieses Stück streckenweise ein wenig hindurchquälen muss, hatte auch seinen Sinn, denn am Ende waren die Zuschauer*innen vom langen Sitzen auf dem harten Betonboden, passend zum Zerstörungsprozess, der demnächst auf die Volksbühne zukommen wird, zerschlagen und zerstört. Ich war froh um mein Sitzkissen, das ich mir in weiser Voraussicht mitgenommen hatte. Im Titel *Service/No Service* klingt auch die Weigerung der Volksbühnenmitarbeiter*innen an, in Zukunft nur als Dienstleister*innen wahrgenommen zu werden, die mit dem neuen Hausherrn zu kooperieren haben. Diese Zumutung zurückweisend, wird der Bühnenraum programmatisch zu einer Zone des „Non-Service" erklärt, wobei die Schauspieler*innen paradoxerweise ständig nach „Service", also nach Bedienung, nach etwas zu Trinken und zu Essen verlangen. Auf allen Ebenen demonstriert dieses Stück, dass mit ihm eine Ära zu Ende geht. Mir hat es sehr gut gefallen.

44.
DAS JAHR DER GABE

Verglichen mit den Negativbilanzen der sonstigen Neujahrsreden hat Caroline Emcke in ihrer Kolumne in der *Zeit* einen wohltuend positiven Blick auf das Jahr 2015 geworfen. Sie umschrieb es mit „das Jahr der Gabe": Menschen in ihrem Umfeld hätten sich in hohem Maße für die Geflüchteten eingesetzt, geholfen und gegeben, wo sie nur konnten. Ich finde es richtig, die überwältigende Welle der Hilfsbereitschaft des letzten Jahres als eine positive Entwicklung festzuhalten. Meines Wissens hat es eine derartige Offenheit und Empathie für andere in Deutschland noch nie zuvor gegeben. Traditionell begegnet man „Flüchtlingen" hier eher ablehnend und feindselig. Nur: Indem Emcke auf das Konzept der Gabe und damit indirekt auch auf die Theorie von Marcel Mauss über die Gabe Bezug nahm, deutete sie (indirekt) die Möglichkeit an, dass die den Geflüchteten dargebrachten Gaben nicht selbstlos gegeben würden, sondern eine

Gegenleistung erwarteten. Mauss hatte für außereuropäische Gesellschaften bereits aufgezeigt, dass Gaben hier aufgrund der Annahme, sie trügen die Seele ihres Gebers in sich, nicht einfach behalten werden dürften, sondern unbedingt erwidert werden müssten. Keine Gabe, kein Geschenk wäre demnach umsonst: Die Gabe geht mit dem Zwang zur Erwiderung einher. Mithilfe von aufgetürmten Gaben wird, Mauss zufolge, auch Macht und Überlegenheit gegenüber dem Beschenkten demonstriert. Gaben sind also nicht nur Zeichen von uneigennütziger Nächstenliebe, sondern in einen ökonomischen Kreislauf aus Geben und Nehmen eingebunden. Sie sind nicht frei von Kalkül und werden von Mauss zum Grundprinzip der kapitalistischen Transaktion erklärt. Dass von den Geflüchteten derzeit erwartet wird, dass sie sich „integrieren" oder dass ihre Aufnahme in dieses Land einer ökonomischen Ratio folgt, lässt sich vor diesem Hintergrund durchaus mit dem Prinzip der Gabe erklären. Das derzeitige Umschlagen der vielbeschworenen Willkommenskultur in rassistische Ressentiments könnte man allerdings auch auf eine psychische Ökonomie zurückführen, wie sie Jaques Lacan in seiner *Rede an die Katholiken* beschreibt, die ich heute Morgen las. Er behauptet hier, der Nächstenliebe folge der Hass auf den Nächsten wie sein Schatten. Dass nach der Willkommenskultur der fremdenfeindliche Impuls nach verstärkter Abschottung einsetzte, wäre demnach auf eine Art Psychogesetz zurückzuführen, welches Lacan festhielt. Wobei ich an Zwangsläufigkeit an dieser Stelle trotzdem nicht glaube, es gibt schließlich auch weiterhin zahlreiche Menschen, die sich für die Geflüchteten einsetzen und ihnen alle Türen öffnen. Die Verwandlung von Offenheit für den anderen in phobische Abwehr war zunächst vor allem in den Medien und in der Politik zu beobachten, wobei diese Instanzen natürlich auf diffuse Stimmungswechsel reagieren, von denen sie nicht zu Unrecht annehmen, sie existierten in der „Bevölkerung".

45.
DESKILLING – RESKILLING

Ich frage mich schon seit längerem, ob das *Deskilling* in der Malerei der Nachkriegszeit, also der bewusste Verzicht auf malerisch-technische Fertigkeiten zugunsten von mechanischen oder zufälligen Verfahren, nicht lange Zeit ein männliches Privileg gewesen ist. Denn die Akteure, die wir mit den vielfältigen Techniken des Deskilling in der Malerei seit dem Zweiten Weltkrieg verbinden, sind zumeist männlich: von Ellsworth Kelly, Frank Stella, Robert Rauschenberg, John Cage und Andy Warhol bis hin zu Sigmar Polke und Gerhard Richter. Auch die offensiven Deskilling-Methoden der 1980er Jahre (Stichwort *Bad Painting*) sind mehrheitlich mit männlichen Künstlern wie Albert Oehlen oder Martin Kippenberger assoziiert. Es fällt dabei auf, dass die wenigen Maler*innen*, die sich dem Deskilling verschrieben haben – ich denke hier an Agnes Martin, Jo Baer und später Jutta Koether – nach einer Phase des betonten Verzichts auf Skills zu einer durchaus skillfullen Malerei zurückgefunden haben. Es scheint kunsthistorisch gesehen eine Art Gesetz zu sein, dass Deskilling später in Reskilling umschlägt. Besonders interessant sind vor diesem Hintergrund für mich jene Künstler*innen*, die auf andere Traditionen – etwa mit weiblicher Handarbeit in Verbindung gebrachte Technik – gesetzt haben, wie das Stricken bei Rosemarie Trockel. In Trockels Strickbildern werden scheinbare „lower skills" aktiviert und aufgewertet. So sehr ihre Arbeiten auch der Rhetorik der Nachkriegsmalerei verhaftet bleiben, gehen sie doch auf weiblich kodierte Skills zurück. Die mechanische Herstellung ihrer Strickbilder stellt zugleich eine methodische Nähe ihrer Bilder zur deskillten Malerei ihrer männlichen Kollegen her, mit denen sie ebenfalls kommunizieren. Zu diesem ganzen Komplex „Deskilling versus Reskilling mit Blick auf die Genderfrage" ließe sich ein Text schreiben oder eine Ringvorlesung organisieren. Mal sehen, ob ich die Zeit dafür finden werde.

46.
KÖLNER HAUPTBAHNHOF

Nur in der *taz* gab es einen Artikel, der zwar einerseits deutliche Worte zu den Vorfällen an Silvester 2015 in Köln fand, andererseits aber auch daran erinnerte, dass es in Deutschland immer schon gefährlich war, sich als Frau in die Nähe von betrunkenen Männergruppen zu begeben, egal welcher Herkunft. Auch auf dem Oktoberfest oder im enthemmten Karneval würden schließlich regelmäßig zahlreiche Vergewaltigungen gemeldet. Und diese alltägliche Gewalt gegen Frauen, ganz zu schweigen vom gängigen Alltagssexismus, würde nicht mit einem vergleichbaren Aufschrei quittiert wie jetzt das Geschehen in Köln. Im Zuge der Kölner Vorfälle neige man nun dazu, Frauenfeindlichkeit ausschließlich den Asylsuchenden und Geflüchteten zuzuschreiben, auch um den Ruf nach schärferen Abschiebemaßnahmen zu rechtfertigen. So nach dem Motto: Unsere (weißen) Frauen sind in Gefahr, schickt sie zurück! Wenn man sich das Cover des Magazins *Focus* vom 8. Januar 2016 ansieht – nackter, weißer und von schwarzen Fingerabdrücken übersäter Frauenkörper – wird dieser Eindruck bestätigt. Der weibliche Körper wurde hier bezeichnenderweise ohne Kopf abgebildet, wodurch sich die sexistische Männerfantasie des kopflosen Frauenkörpers mit dem rassistischen Phantasma des schwarzen, „unsere Frauen beschmutzenden" Mannes verschränkt. Perfide. Besonders konservative Männer werfen sich im Moment in Pose und verteidigen *die Frauen*, übersehen dabei jedoch das Paternalistische ihrer Geste. Das Problem ist nur, dass man mit derartigen Kommentaren auch Gefahr läuft, den spezifischen Charakter der sexuellen Übergriffe am Kölner Hauptbahnhof herunterzuspielen. Zwar gibt es zweifellos jede Menge Alltagssexismus und Gewalt gegen Frauen in Deutschland und in der Regel ist es keine Schlagzeile wert, wenn deutsche Männer betrunken Frauen anmachen und begrapschen. So sehr also ein Großteil der Empörung derzeit tatsächlich rassistisch motiviert ist, muss doch eingeräumt werden, dass es ein unstrittiges Problem gibt: In zahlreichen islamischen Ländern herrscht ein Frauenbild vor, das mit hiesigen Vorstellungen von Emanzipation und Selbstbestimmung der Frau kaum vereinbar ist.

47.
AKADEMISCHE TEXTE

Frau L. fragte mich heute am Telefon, wieviel ich denn schon für mein Buch geschrieben hätte. Dieser Erwartung, dass ich hier sitzend einfach Seite für Seite fülle, täglich mein Schreibpensum erledigend, würde ich gerne nachkommen. Doch meine Produktion von wissenschaftlichen Texten funktioniert leider anders. Anfangs schreibe ich oft tatsächlich einfach drauflos, damit etwas auf dem Bildschirm steht, aber dann wird es kompliziert: Ich muss mein Argument aufbauen, die These formulieren, den Text strukturieren und vor allem mit dem abgleichen, was in der Fachliteratur bereits zu dem Thema gesagt wurde, Fußnoten verifizieren, den Text entsprechend der neuen Lektüreeinsichten wieder verändern und an einigen Stellen die Argumentation komplexer gestalten. Speziell das Schreiben von kunstwissenschaftlichen Essays ist bei mir ein Prozess des ständigen Überarbeitens, wobei das Redigieren ausgedruckter Texte stets handschriftlich erfolgt. Ich gebe daraufhin die Verbesserungen ein, drucke den Text noch einmal aus und schaue am nächsten Morgen mit hoffentlich frischem Kopf, an welchen Stellen er noch im Argen liegt. Diese „Problemzonen" werden mit der Zeit weniger und irgendwann befriedigt der Text meine Ansprüche, jedenfalls annährend und für den Moment. Er muss idealerweise so klingen, als wäre er mit leichter Hand verfasst worden und sollte eine gewisse Musikalität aufweisen. Wichtig ist mir vor allem der Sound der Sätze, die nacheinander gelesen, auch in klanglicher Hinsicht zueinander passen müssen. Häufig habe ich Probleme mit den Übergängen und Anschlüssen zwischen einzelnen Textpassagen. So neige ich beispielsweise dazu, auf die immer gleichen Formulierungen zurückzugreifen, die mich irgendwann mit Ekel erfüllen. Während des Schreibprozesses ist es deshalb wichtig, viel zu lesen, um den eigenen Sprech- und Schreibgewohnheiten zu entkommen und ein stilistisches Festgefahrensein in den Formulierungen abzulegen. Blicke ich mit großem zeitlichem Abstand auf den Text, dann decke ich sprachliche Schwächen und Argumentationslücken in ihm auf, die ich zu beheben versuche. Auch mein Buch über Malerei läuft derzeit auf ein kontinuierliches Verbessern bereits geschriebener Texte hinaus. Ich hoffe, man wird dem Ergebnis nicht anmerken, dass es kein „großer Wurf" ist, sondern etwas in ausgesprochen kleinteiliger und zermürbender Arbeit Entstandenes.

48.
DIE EHE

Es gibt diese Tendenz, über Ehen so zu sprechen als handele es sich dabei um eine dritte Person. Man führt eine „gute Ehe", leidet unter seiner Ehe oder nennt sie schwierig, als führe sie ein Eigenleben. Indem die Ehe verbal wie eine Entität behandelt wird, gerät in Vergessenheit, dass sie in Wahrheit aus einer Verbindung zweier Menschen besteht, die innerhalb von ihr interagieren und für ihr Gelingen verantwortlich sind. Als Institution trägt die Ehe aber auch Züge eines körperlosen Wesens, das über die Subjekte (die sogenannten Eheleute) verfügt und ihnen einen bestimmten Status (verheiratet) sowie in der Regel eine bestimmte Lebensform (Zusammenleben) aufnötigt. Entsprechend berichten zahlreiche Freund*-innen, dass sich mit Beginn ihrer Ehe die Beziehung (zum Schlechteren) verändert habe. Somit wäre die Ehe ein Format, das unmittelbare Auswirkungen auf das Verhalten der in ihr Verbundenen hat. Vielleicht liegt es am enormen institutionellen Gewicht dieser auf Lebenszeit angelegten Formation, dass es die Neigung gibt, sich rhetorisch von ihr abzugrenzen? Dann ist die Rede von einer „schwierigen Ehe", unter der man zu leiden vorgibt, ohne dass der eigene Anteil daran reflektiert würde. Die Ehe erscheint wie von selbst schlecht und beschert einem Unglück. Hat man sie beendet oder hinter sich gelassen, wird häufig

Erleichterung darüber ausgedrückt, ihrer Macht – der Macht eines körperlosen Wesens – entronnen und nicht länger ausgeliefert zu sein.

49.
ELTERNLOSIGKEIT

Elternlos zu sein, bedeutet den Verlust des bisherigen Lebenshorizonts. Dieser Horizont, von dem man selbstverständlich ausgehen konnte, ist nun verschwunden, ohne dass ein neuer an seine Stelle getreten wäre. Auch wenn man schon lange aufgehört hatte, den Eltern die eigenen beruflichen Erfolge oder Misserfolge mitzuteilen, fungierten sie dennoch als jene symbolischen Instanzen, für die man (bewusst oder unbewusst) etwas tat oder leistete. Sie stellten eine Art natürlichen Resonanzraum für die eigenen Lebensentscheidungen dar. Mehr noch: Eltern sind in der Regel das erste Gegenüber, von dem man Anerkennung erfährt. Jetzt gibt es dieses Gegenüber nicht mehr, woraus Mutlosigkeit und mangelnde Motivation resultieren können. An die Stelle der früheren Anerkennungsinstanz ist nun die Gewissheit getreten, dass man als Nächste dran sein wird und mit einem Bein selbst schon im Grab steht. Warum sich also abmühen, wenn es doch nur darauf hinauslaufen wird, ebenfalls zu sterben und begraben zu werden? Mit Blick auf die durch den Tod der Eltern schmerzhaft spürbar gewordene geringe Zeit, die einem noch bleibt, kann Elternlosigkeit aber auch das Gegenteil bewirken: Man nimmt noch einmal alle Kräfte zusammen und versucht, die Dinge fertigzustellen, die einem im Leben wichtig waren und sind.

50.
METHODIK DER *LIEBE ZUR MALEREI*

Hintergrundüberlegungen zu meinem Buch *Die Liebe zur Malerei*: Ich möchte vorab klarstellen, dass es mir nicht allein darum geht, den Blick von den malerischen Praktiken auf die Entstehungsbedingungen der Formation *Malerei* zu lenken. Denn auf diese Weise würde ich das spezifische Potenzial malerischer Praktiken wie auch ihre besondere Wertform außer Acht lassen. Die Distanz zu einem ideologiekritischen, entlarvenden Gestus muss dabei ebenfalls deutlich gemacht werden: Ich werde aufzeigen, dass es die konkreten malerisch-materiellen Anlässe für bestimmte Mystifizierungen sind, die mich in erster Linie interessieren. Mein Anliegen besteht auch nicht darin, der Malerei einmal mehr einen Subjektstatus zuzuschreiben, also etwa von ihrer Selbsttätigkeit zu schwärmen, wie es zahlreiche Malereitheoretiker*innen getan haben. Mich interessiert vielmehr, mit welchen malerischen Effekten derartige Suggestionen – dass ein Bild sich beispielsweise selbst malt – hervorgerufen werden. Mithilfe eines genealogischen Blicks auf die Malerei möchte ich zudem die bis in die frühe Neuzeit zurückreichenden Versuche ihrer Aufwertung aufzeigen, deren Argumente in unsere Gegenwart hineinreichen. Für mich ist es erst das semiotische Verständnis der Malerei als einer Sprache, mit dem sich die Besonderheit ihrer Rhetorik herausarbeiten lässt. Ist es doch die physisch erfahrbare Körperlichkeit des Zeichens, die bei malerischen Zeichen im Vordergrund steht und zwar unabhängig davon, was sie bedeuten. Anders formuliert: Aus meiner Sicht ist es die besondere Materialität der Malerei, die die vitalistischen Projektionen der Betrachter*innen veranlasst und sich ihnen zugleich in den Weg stellt. So ist die im Bild aufgehäufte Farbe eine Leben suggerierende Instanz *und* leblose Materie zugleich.

51.

PATIENTIN ZWEITER KLASSE

Gestern beim Orthopäden konnte ich genau beobachten, wie der Eifer in meine Richtung spürbar nachließ, sobald klar war, dass ich eine sogenannte Kassenpatientin bin. Plötzlich wurde alles kompliziert, von dem Röntgentermin war keine Rede mehr und in der

Sprechstunde wurde ich trotz meiner schmerzhaften Symptomatik schnell abgefertigt. Im Untersuchungszimmer auf den Arzt wartend, warf ich einen Blick auf seinen Computer. Rot unterstrichen und mit Ausrufezeichen versehen stand dort: *Kassenpatientin*. Dieser Eintrag, der alle Informationen dominierte, kam einer Warnung gleich. Meine Beschwerden schienen unter dieser Klassifizierung subsumiert und gleichsam zweitrangig zu werden. Ich bereue es in solchen Situationen durchaus, mich vor ein paar Jahren nicht auf das finanzielle Wagnis einer privaten Krankenversicherung eingelassen zu haben. Andererseits würde mich die Aussicht auf exorbitant hohe Beiträge im Alter mit Panik erfüllen. Wer weiß, wieviel ich dann noch verdiene. Und im Prinzip finde ich die Idee einer Solidargemeinschaft, an der ich mich mit meinen Krankenkassenbeiträgen beteilige, ja auch richtig und gut. Dennoch muss ich mich in Zukunft darauf einstellen, mit fühlbarer Nachlässigkeit und weniger Aufmerksamkeit als Patientin zweiter Klasse behandelt zu werden.

52.
DAS BEFINDEN DER ÄRZTIN

Man kann seine Ärztin gänzlich aus der Fassung bringen, wenn man sie zu Beginn der Konsultation fragt, wie es ihr denn gehe. Meine Ärztin war gestern jedenfalls ganz perplex und gerührt über diese Frage, weil sich normalerweise niemand für ihr Befinden interessiert. Im Gegenteil ist sie es, von der erwartet wird, dass sie sich um ihre Patient*innen kümmert und sich nach deren Befinden erkundigt. Möchte man seine Ärztin also positiv auf sich einstimmen, dann ist es hilfreich, ihr diese Frage gleich zu Beginn der Konsultation zu stellen.

53.
LUXUS FÜR ALLE

Der Möbel-Hübner-Katalog ist dieses Mal aus soziologischer Sicht besonders aufschlussreich. Er hat all das „günstig" zu bieten, was derzeit mit Luxus in Verbindung gebracht wird, allem voran das allseits begehrte Boxspringbett, das mit dem Komfort eines 5-Sterne-Hotels konnotiert ist, den man jetzt laut Katalog auch zuhause haben kann. Möbel Hübner bietet ein solches Bett, das normalerweise um die 10.000 Euro kostet, für 900 Euro an. Aber auch ein Eames Chair ist dort in einer billigen Variante zu haben, aus Kunstleder allerdings. Zuletzt blättert man noch in einen begehbaren Kleiderschrank hinein, den sich eigentlich nur wenige – Voraussetzung ist ja eine große Wohnung mit viel Platz – leisten können. In der kleinformatigen Variante ist er jetzt auch bei Möbel Hübner zu bekommen, sodass jede/jeder ihre/seine – in der imaginären Katalogwelt natürlich reichhaltige – Garderobe „standesgemäß" verstauen kann. Boxspringbett, Eames Chair und begehbarer Kleiderschrank gehören zu jenen Möbelstücken, die mit dem Lebensstil der derzeit viel diskutierten „One Percent" assoziiert werden. Früher nannte man sie die „Oberen Zehntausend". Vor allem die Lifestyle-Presse hat seit den 1990er Jahren dafür gesorgt, dass deren imaginierter Lebensstil so omnipräsent wie allgemein erstrebenswert erscheint. Auch die Zunahme der Luxusbeilagen in den Zeitungen verweist auf ein gestiegenes Luxusbegehren, auf das die Medien ebenso reagieren wie sie es schüren. Luxusgüter selbst verfügen inzwischen über die Macht, allgemeine Maßstäbe zu setzen: Denn auch die Produktion durchschnittlicher Gebrauchsgüter orientiert sich an ihnen, sucht ihnen nachzueifern und sich ihre Aura von Geschmack und Wohlstand anzueignen, allerdings preisgünstiger, wie eben bei Möbel Hübner.

54.
YOGA ALS OPIUM FÜR DAS VOLK

Hier in Miami habe ich zum ersten Mal verstanden, dass die Yogagemeinschaft einen Ersatz für das Leben in religiösen Gemeinschaften bieten kann. Beinahe ehrfürchtig ziehen sich die Kursteilnehmer*innen vor dem Training wie in einer Moschee die Schuhe aus, begrüßen sich gegenseitig überschwänglich, sammeln sich auf ihren Matten und warten auf den Beginn der „Predigt". Zum Auftakt erzählen die Yogalehrer*innen eine Begebenheit aus ihrem Leben und machen am Ende Eigenwerbung für zukünftige Veranstaltungen, was bei einem Gottesdienst ebenfalls geschieht. Auch die Musik, vor allem die Yogagesänge haben sakrale Züge, zum Schluss wird geklatscht und sich mit einem Namasté-Gruß vor dem / der Lehrer*in verneigt. Da es in einer säkularisierten Gesellschaft kaum noch gemeinschaftliche Erfahrungen mit religiösem Charakter gibt, besetzt Yoga diese Leerstelle, indem es neben Seelenheil auch noch Entspannung und körperliche Ertüchtigung verspricht. Der Siegeszug des Yoga hat meines Erachtens vor allem damit zu tun, dass es den Yogis nicht nur spirituelle Nahrung verheißt, sondern auch ganz pragmatisch und effizienzorientiert auf die Optimierung ihrer Körper zielt. Fitness und Soulhealing in einem. Die Kursteilnehmer*innen verbindet, dass sie sich gemeinsam der Maintenance ihrer Körper verschrieben haben, sie eint gleichsam die Sorge um sich. Dass der Körper in einer Bioökonomie zur Ressource aufgestiegen ist und deshalb intensiv bearbeitet werden muss, haben sie als Gebot längst verinnerlicht.

55.
FÜSSE ALS SCHMUCKSTÜCKE

Füße, zumal Frauenfüße, haben in Miami den Status eines Accessoires, das man wetterbedingt ständig vorführt und entsprechend pflegt. So gibt es hier so gut wie keine Frau, die sich ohne perfekte Pediküre auf die Straße wagen würde. Alle haben bemalte, wie Diamanten glänzende Zehennägel und halten ihre Füße perfekt in Shape. Man könnte sich in den opaken Bemalungen der Zehennägel spiegeln. Nur die älteren Damen tragen zuweilen Ballerinas, mit denen sie ihre Füße kaschieren. Weil man in dieser Stadt zumeist leicht bekleidet und in körperbetonten Outfits herumläuft, kommt den Füßen die Funktion einer Extremität zu, die den Weg auf den restlichen Körper weist. Der Zustand der Füße gibt gewissermaßen Aufschluss darüber, in welcher Verfassung sich der Körper befindet. Auch dem Gang der pedikürten Frauen in ihren Flip-Flops merkt man die symbolische Bedeutung ihrer Füße an, bewusst elegant und tänzerisch setzen sie jeden Fuß sorgfältig auf dem Boden ab, bewegen ihre Füße mit Grazie und erklären sie damit zur Signatur ihres Selbst.

56.
BÄRTIGE MÄNNER

Man sieht sie in Amerika überall: attraktive und auffällig modisch gekleidete, irgendwie dominant wirkende heterosexuelle Frauen, die die Außenkommunikation in ihrer Paarbeziehung in die Hand nehmen und einen vollbärtigen Boyfriend mit sich führen, der sich seinerseits in Schweigen hüllt und so gesichtslos wie austauschbar erscheint. Zunächst könnte man die omnipräsente Bartmode, die nun schon einige Jahre währt, als letzten (symbolischen) Kampf des heterosexuellen Mannes gegen seine Entmachtung am Ende des Patriarchats interpretieren. Er kultiviert sichtbar einen Rest von archaischer, wilder Männlichkeit just in dem Moment, in dem sich seine überkommenen männlichen Privilegien nicht mehr von selbst verstehen. Bezeichnend ist in diesem Zusammenhang auch, dass Männer mit Vollbart weitgehend ihre Individualität verlieren – verstecken sie doch ihr Gesicht hinter diesem Merkmal der Virilität. Sie mutieren zum bloßen Exemplar einer Gattung. Der Vollbart weist sie, anders formuliert, als einem bestimmten biologischen Geschlecht zugehörig aus, dem seine vormals gesicherte soziale

Überlegenheit abhandengekommen ist. Indem sie sich einen Vollbart stehen lassen, rufen sie eine vergangene Ära mit klaren Geschlechterhierarchien auf, in der Männer noch Männer waren. Zugleich tragen sie dadurch, dass sie neben ihrer dominanten Partnerin eine übertriebene Zurückhaltung an den Tag legen, ihrer aktuellen Entmachtung Rechnung. Stumm sehen sie dabei zu, wie sich ihre männlichen Privilegien gleichsam in Luft auflösen. Ihr Vollbart fungiert dabei als Relikt einer archaischen Männlichkeit, die nur noch als modisches Accessoire überleben kann.

57.
LABELS IM SAMMLERMUSEUM

Dass neben öffentlichen Museen zunehmend Sammlermuseen entstehen, ist kein neues Phänomen. Doch anders als die europäischen privaten Sammler*innen, die mit ihren Ausstellungen oft einen quasi-wissenschaftlichen Anspruch erheben, haben die großen amerikanischen Privatsammler*innen in diese Richtung kaum Ambitionen. Schon die neben den Kunstwerken hängende Beschilderung in den privaten Museen in Miami vermittelt ausschließlich die subjektive Sicht der Sammler*innen. Die Labels in der Rubell Family Collection erzählen beispielsweise von persönlichen Begegnungen mit den Künstler*innen, von Dates, Drinks und Dinner-Verabredungen, sind also prall gefüllt mit Anekdoten, die an die Stelle einer wissenschaftlichen Erläuterung treten. Oft sind diese Texte in Ich- oder Wir-Form verfasst, was keinen Zweifel an ihrem persönlichen Zuschnitt lässt. Geradezu ausschweifend erzählen die Sammler*innen aus ihrem Sammlerleben, berichten von plötzlichen Eingebungen und Vorlieben. Das Label, das zuvor der sachlichen Erläuterung des Kunstwerks diente, ist zu einer Art Sammlertagebuch geworden. Damit werden die Sammler*innen zu ebenbürtigen Akteur*innen erklärt, denen genauso viel Bedeutung zukommt wie den Urheber*innen der ausgestellten Werke. Qua Beschilderung reklamieren sie für sich die Rolle eines Meta-Autors. Den Sammler*innen gehören nicht nur das Gebäude und die darin präsentierte Kunst, sie sind neben den Künstler*-innen auch für die Produktion von Bedeutung verantwortlich. Die Persönlichkeit der Sammler*innen, ihre Vorlieben, werden auf diese Weise für entscheidender erklärt als das in den Kunstwerken potenziell auf dem Spiel stehende. Das Sammlerego hat hier solche Ausmaße angenommen, dass es das von ihm Gesammelte zu überstrahlen beginnt.

58.
„TRANSPARENT"

Interessant an dieser derzeit von zahlreichen meiner Freund*innen gefeierten Serie ist nicht nur, dass sie Transsexualität, ebenso wie den Wechsel der sexuellen Orientierung zu einem Mainstream-Phänomen erklärt, sondern vor allem, dass Sex nicht idealisiert, sondern als komplizierte und nicht unbedingt befriedigende Angelegenheit dargestellt wird. Statt Sex also zu verklären, werden eher sportlich wirkende sexuelle Interaktionen gezeigt, die den Protagonist*innen in erster Linie zur Triebabfuhr dienen. Auch vom romantischen Liebesideal hat sich diese Serie verabschiedet – schließlich ruft nur ein lesbisches Paar (wohlgemerkt in der Anfangsphase seiner Beziehung) romantische Liebesformeln auf, die sich später als hohle Rhetorik erweisen. Am meisten hat mich in dieser 2014 zum ersten Mal auf Amazon Fire TV ausgestrahlten Serie die konsequente Ausblendung des Arbeitslebens ihrer Protagonist*innen verblüfft, um den Fokus allein auf ihr Liebesleben, oder genauer, auf ihr Affektleben zu richten. Gefühle und Intimität werden mithin als das aufgefasst, was in einer zunehmend digitaler werdenden Ökonomie wirklich zählt – in ihr haben Affekte den Status von Waren. Interessanterweise ist aber die digitale Ökonomie in der Serie nicht wirklich präsent. Man sieht kaum Handys, niemand sitzt am Computer und es wird auch nicht online gedated, es werden höchstens ständig SMS verschickt. Die Serie signalisiert so, dass sie uns rohes, noch nicht zu Daten geronnenes Leben präsentiert. Entsprechend werden uns permanent schwitzende Körper und geräuschvoll essende Menschen gezeigt – das wahre Leben eben. Die Outfits der Darsteller*innen sind dabei eigentümlich unspezifisch und keiner Mode zuzuordnen. Die Frauen tragen vorzugsweise lange, schlabbrige karierte Holzfällerhemden, und obschon einige von ihnen als wohlhabend charakterisiert werden, scheinen sie an modischen Statussymbolen nicht interessiert zu sein. Von der unverwüstlichen Beliebtheit von Hippie-Kultur und Esoterik zeugen die Einrichtungen der Wohnungen, in denen zuweilen eine „Räucherstäbchenatmosphäre" herrscht. Zwar wird den gängigen Aufforderungen zur Selbstoptimierung nachgekommen – etwa in Form eines Personal Trainers oder der Verdammung von Milchprodukten, die angeblich den Körper „verstopfen" würden. Die Umsetzung dieser biopolitischen Vorschriften erfolgt jedoch auf eine denkbar unglamouröse, wenig konsequente Art und Weise. Die Kamera zoomt viel lieber auf die mit Sauce verschmierten Gesichter, die aus dem Verspeisen von Barbecue-Fleisch resultieren. Das gesunde Leben wird in seiner Brüchigkeit gezeigt, es wird von ungesunden Ritualen (wie dem Essen von Barbecue-Fleisch) torpediert. Nichts existiert in dieser Serie in Reinform.

59.
PYGMALION REVISITED

Der Pygmalion-Mythos wirft einen langen Schatten: So könnte man das Fazit meines Buches über *Die Liebe zur Malerei* formulieren. Bei Ovid war es der (natürlich stets als männlich gedachte) Künstler, der seiner Statue Leben einhauchte, doch war er dafür noch auf die (wohlmeinende) Unterstützung der Götter angewiesen. In der Renaissance stieg der Künstler dann selbst zu einer Art „zweitem Gott" (Leon Battista Alberti) auf, da er „lebend" anmutende Werke aus eigener Kraft zu schaffen vermochte. Die Produktion von Lebendigkeit wurde fortan zu einem ästhetischen Ideal erklärt: Die Figuren in den Bildern sollten möglichst bewegt und lebendig wirken. In seinem Buch über den Pygmalion-Effekt im 18. Jahrhundert hat Viktor Stoichiță schließlich ausgeführt, warum die Malerei die „Lebendigkeitsproduktion" so gut erfüllte: Weil bei ihr vor allem Farbe und Pigmente zum Einsatz kamen, sei sie für die Darstellung von Lebendigkeit prädestiniert gewesen. Die Skulptur hingegen wäre diesbezüglich von Anfang an ins Hintertreffen geraten. Denn den Malern war es möglich, das weite Spektrum der Lebendigkeit in all ihren Schattierungen nuancierter darzustellen, etwa durch dezent gerötete Wangen oder durch scheinbar vorwärtsschreitende Füße. Aufgrund der mit Malerei assoziierten Verfahren und Techniken hätte sie demnach über eine besondere Kompetenz in Sachen „Lebendigkeit" verfügt. Doch während Pygmalion recht glücklich mit seiner beseelten Statue lebte, ist das ästhetische Ideal einer lebendigen, selbsttätigen Kunst schon in der frühen Neuzeit, etwa bei Giorgio Vasari, an einen „lebensweltlichen Verzicht" (Ulrich Pfisterer) geknüpft gewesen. Über einen Künstler wie Raffael hatte Vasari berichtet, dass dieser sein Leben der Kunst vollständig verschrieben und deshalb auf ein erfülltes Liebesleben verzichtet habe. Dieser Topos des lebensweltlichen Verzichts zugunsten der Malerei wird später in Honoré de Balzacs *Unbekanntem Meisterwerk* auf die Spitze getrieben: Der Maler Frenhofer projiziert hier eine lebendige Frau, mit der er ein Quasi-Liebesverhältnis unterhält, auf sein abstraktes Schmierbild. Balzac lässt allerdings keinen Zweifel am phantasmatischen Charakter dieser Liaison und unterstreicht zudem, dass es Frenhofer in Wahrheit mit lebloser Materie zu tun hat. Dessen Bild wird von Balzac so beschrieben, als oszilliere es zwischen Leblosigkeit und Lebendigkeitssuggestion: Die Frau, die dieses Bild verkörpert, scheint anwesend und dann wieder abwesend zu sein. Wahrscheinlich als Reaktion auf den traditionell ausgeprägten Lebendigkeitskult wurde bei Édouard Manet (auch unter dem Einfluss der Ästhetik von Charles Baudelaire) Künstlichkeit und „Leblosigkeit" betont. Mit bewusst inszenierten Figuren und deutlich sichtbaren theatralischen Posen wird uns in Manets Bildern vorgeführt, dass der Eindruck von Lebendigkeit ein malerisch inszenierter Effekt ist. Es wird oft gesagt, mit dem Einzug der Fotografie und des Films in die Kunst hätten die neuen Medien die überzeugendere Lebendigkeitssuggestionen abgeliefert. Zwar trifft es sicherlich zu, dass bewegte Bilder Lebendigkeit auf unmittelbarere Weise festhalten und vermitteln können, aber gegen die teleologische Vorstellung eines mit den neuen Medien verbundenen Fortschritts in Sachen Lebendigkeit könnte man einwenden, dass es der Doppelcharakter der Malerei ist – ihr Dasein zwischen lebloser Materie und scheinbarer Lebendigkeit – die ihr bis heute währendes Faszinationspotenzial in puncto Lebendigkeit erklärt. Gemalte Bilder suggerieren „Leben" (schon die Farbe impliziert durch ihre Herkunft einen Erd- und damit Lebendigkeitsbezug) und sind doch zugleich unbeseelte Materie: Einerseits scheinbar mit der lebendigen Arbeit ihrer Schöpfer*innen angereichert und andererseits doch nicht darauf reduzierbar. Die physische Materialität der malerischen Zeichen kann also zugleich den Anlass für vitalistische Projektionen liefern *und* sich ihnen in den Weg stellen. Und eben weil gemalte Bilder vitalistische Projektionen triggern und im Idealfall zugleich deren Unzulänglichkeit demonstrieren, haben sie mich in meinem Malerei-Buch als Waren der besonderen Art interessiert.

60.
MUTTERTOD / FRAUENHASS

Ich frage mich, ob es eigentlich psychoanalytische Studien zu den Auswirkungen des frühen Todes der Mutter auf die Psyche ihrer Söhne gibt. Wie hoch stehen die Chancen, dass der Verlust der Mutter später in Frauenhass (oder in die Verherrlichung von Frauen, was letztlich dasselbe ist) umschlägt? Mir fällt zu diesem Thema der Ausstellungstitel *Können wir vielleicht mal unsere Mutter wiederhaben* (1986) von Albert Oehlen, Werner Büttner und Georg Herold ein. Ich mochte diesen Titel immer sehr, weil aus ihm die trotzig überzogene Weigerung spricht, den Tod der Mutter hinzunehmen. Wieso ist sie bitte nicht da, wieso kann ich sie nicht wiederhaben? Die Wut, die aus diesem Aufschrei gegen den Tod der Frau spricht, die einen geboren hat, kann sich aber auch gegen die Frauen im Allgemeinen wenden. So als würden alle Frauen dafür verantwortlich gemacht werden, dass die eigene Mutter nicht mehr da ist. Zeitgleich zu dieser Ausstellung finden sich in den Werken dieser Künstler bezeichnenderweise Collagen mit sexistischen Motiven oder Witze wie dem, dass Frauen länger leben, aber nichts davon haben (abgedruckt im Buch *Arbeit ist Wahrheit*). Diesen Witz könnte man wohlwollend auch als Kritik an einer patriarchalen Welt deuten, die für gleiche Arbeit von Frauen weniger bezahlt, sodass sie tatsächlich weniger von ihrem, statistisch gesehen, längeren Leben haben. Ich frage mich dennoch, ob es eine psychische Ökonomie gibt, die dafür sorgt, dass Männer (und vielleicht auch Frauen?) anderen Frauen die Schuld am Tod ihrer Mutter geben? In der Ausstellung von Boris Lurie im Jüdischen Museum konnte man jedenfalls erleben, wie die Traumata seiner Kindheit (Verlust aller wichtigen weiblichen Bezugspersonen, die von den Nazis umgebracht wurden) in eine obsessive Beschäftigung mit Pin-ups und pornografischem Material münden. Lurie soll sein Zimmer in New York mit jenem pornografischen Material ausgekleidet haben, das er in seinen Collagen in Form von entstellten und verzerrten Frauenbildern verarbeitet. Bemerkenswert ist in diesem Zusammenhang auch, dass er seine Konsumkritik auf den Körpern von Frauen austrägt und weibliche Körper für seine Verachtung der US-amerikanischen Konsumgesellschaft herhalten müssen. Diese Körper werden von ihm – mit den Methoden, die sich schon bei den Surrealisten finden – zerstückelt, grotesk übermalt und verunstaltet. Ist das vielleicht eine verschobene (und abgespaltene) Form der Trauerarbeit?

61.
VETEMENTS

Die Marke Vetements wird derzeit als das Modeereignis der Saison gefeiert. Sie transportiert das in die High-Fashion-Welt, was sich in der Streetwear in den letzten Jahren ohnehin abzeichnete: Der Trend zum Oversized-Look, zur Aufwertung von Sportswear-Klamotten und klobigen Schuhen sowie die Etablierung eines eher androgynen Körperideals. Vetements hat diese Elemente aufgegriffen und mit osteuropäischem Flair und Pariser Eleganz kombiniert, wodurch sie highfashiontauglich werden. So lassen sich die Strumpfstiefel mit Feuerzeug-Absatz dieser Marke beispielsweise als Bekenntnis zum libertären Frankreich mit seiner Renitenz gegen das Rauchverbot ebenso lesen wie als Kommentar auf das Klischee der bei Schnee und Eis High Heels tragenden Osteuropäerinnen. Es handelt sich hierbei um enganliegende hochhackige Stiefel, die so bequem wie eine Strumpfhose sein sollen und tatsächlich nirgendwo drücken. Dennoch steht man recht instabil auf den dünnen Absätzen: Man schwankt geradezu, weil sie den Füßen keinen Halt geben. Wo diese Stiefel also einerseits Schmerzfreiheit verheißen, schränken sie andererseits einmal mehr die Bewegungsfreiheit und Handlungsfähigkeit ihrer Trägerinnen ein. Auch Bomberjacken haben bei Vetements einen Oversized-Schnitt, wobei es meines Erachtens grundsätzlich *nicht* zutrifft, dass der Oversized-Stil die Modenorm des superdünnen Models aushebelt. Das Gegenteil ist der Fall: Oversized-Klamotten rufen das Bild eines Looks auf, der wiederum junge und extrem schlanke Trägerinnen voraussetzt. An älteren Frauen wird dieser Look in den Modezeitschriften schon deshalb nicht gezeigt, weil er an ihnen unförmig und zu groß wirkt. Oversized ist also nicht als Kritik an Size Zero, sondern als Zuspitzung des Size-Zero-Diktats in der Mode zu verstehen. Der besagten Bomberjacke hat Vetements zudem einen sexy Zuschnitt verliehen, indem sie sich hinten per Reißverschluss öffnen lässt. Sie erhält dadurch die für eine Bomberjacke überraschende Aura eines rückenfreien Abendkleides. In der aktuellen Frühjahr-Sommer-

Kollektion (2016) gibt es auch von blumigen Arbeitskitteln inspirierte Rüschenkleider, die zwar züchtig übers Knie reichen, aber ebenfalls – wie bei Vetements oft der Fall – die Rücken- oder Schulterpartie freigeben, was ihnen ein erotisches Flair verleiht. Arbeitskleidung kann hier offenkundig nur dann zu Fashion werden, wenn sie buchstäblich Haut zeigt. Für kurze Zeit vermochte Vetements durch seine überraschende ästhetische Aneignung des Logos von DHL zu begeistern, jenem globalen Transportunternehmen, dem nun Glamour-Potenzial beschieden wurde. Denn Vetements hatte das rote Logo auf gelbe T-Shirts drucken lassen. Nun steht DHL aber auch paradigmatisch für die Fallstricke der neuen Ökonomie: Man denke nur an die prekären Arbeitsbedingungen der DHL-Boten oder an den Niedergang des Einzelhandels durch den Online-Handel. Bei Vetements ist von diesen Fallstricken naturgemäß nichts zu sehen, die T-Shirts bewirken vielmehr, dass der Anblick eines DHL-Lieferwagens mit seinem Logo eine Saison lang etwas Modisches verströmt. Dass die Marke mit Deutschland-Aufschriften oder Pullovern und Capes mit dem deutschen Polizei-Schriftzug im Original einen gewissen Deutschlandkult betreibt, könnte als Bekenntnis zu Angela Merkels liberaler Flüchtlingspolitik des Sommers 2015 aufgefasst werden. Die kurze Zeit der Willkommenskultur bewirkte womöglich, dass Deutschland (und Merkel) auch unter Mode-Hipstern salonfähig wurden. Trotz meines derzeitigen Interesses an Vetements und seinen modischen Setzungen bin ich fest entschlossen, die Finger von dieser Marke zu lassen. Zunächst einmal sind Ihre Kleidungsstücke absurd teuer, emblematisch wird dies deutlich an der Signature Style-Jeans: unten abgeschnitten, wie eine Culotte und oben im High-Rise-Schnitt bis zur Taille reichend. Sie kostet allerdings schlappe 1.200 Euro, was für eine Jeans einfach nicht geht. Gegen Vetements spricht zudem, dass jedes Kleidungsstück schon aus der Ferne als der Marke zugehörig identifiziert werden kann. Die Trägerin outet sich dadurch sichtbar als Fashion Victim und gibt darüber hinaus bekannt, dass sie überproportional viel Geld für Mode ausgeben kann. Wer Vetements trägt, signalisiert somit ein verzweifeltes Bemühen um modische

Hipness und demonstriert seine Angst davor, in modischer Hinsicht ins Hintertreffen zu geraten. Das sind genug Gründe, um diese Marke, samt dem mit ihr assoziierten Oversized-Look, zu boykottieren.

62.
BÖHMERMANNS GEDICHT

Schockierend am Böhmermann-Skandal ist vor allem, dass kaum auf den Gehalt seines „Schmäh-Gedichtes" eingegangen wurde. Nur die *taz* wies nach, dass und wie es rassistische und homophobe Stereotypen mobilisiert. Es ist geradezu niederträchtig, wie dieses „Gedicht" Ressentiments und Vorurteile gegen „Türken" am Beispiel Erdoğans bedient. Mit Satire hat es nun wirklich gar nichts zu tun, eher handelt es sich um eine gezielte Tabuverletzung, die weder unterhaltsam noch intelligent ist. Merkels Schachzug, sich gar nicht weiter mit dem Fall zu befassen, sondern ihn dem Rechtsstaat zu übergeben, fand ich sehr geschickt. Schlimm, wie sich in den Medien alle nur über die Gefahr eines Verlusts der Pressefreiheit ereifern, statt sich zu fragen, ob dieses nicht nur bewusst verletzende, sondern eben auch rassistische Stereotypen reproduzierende „Gedicht" wirklich ihre Unterstützung verdient.

63.
ÜBERLASTUNGSKRISEN IN ACADEMIA

Warum klappen in letzter Zeit so viele Akademiker*-innen aus meinem näheren und weiteren Umfeld zusammen? Als naheliegende Erklärung könnte man auf die Strukturprobleme der Universitäten verweisen: Die immer gleiche Anzahl von Lehrenden ist hier für immer größere Heerscharen von Studierenden zuständig, was das Arbeitspensum der Lehrenden enorm erhöht. Trotz des Anwachsens der Student*innenzahlen sind nicht genügend neue Stellen eingerichtet worden, woraus ein nicht mehr zu bewältigender *workload* für die Lehrenden folgt, denn sie müssen zunehmend Verwaltungsaufgaben übernehmen und ihre Institute so führen wie Unternehmer. Also Forschungsgelder eintreiben, Anträge schreiben, endlose Gutachten verfassen und mit hohen Budgets jonglieren. Dass die eigene Forschungsarbeit in einer solchen Situation oft auf der Strecke bleibt, ist nicht weiter verwunderlich. Ein befreundeter Wissenshistoriker konstatierte neulich, nach der Veröffentlichung der Habilitation würden in der Regel keine anderen Bücher mehr geschrieben und publiziert, weil die Verwaltungsaufgaben schlicht alle verbliebenen Kräfte absaugen würden. Wer hingegen den Ehrgeiz hat, ihre/seine wissenschaftliche Forschung auf hohem Niveau weiter zu betreiben, Bücher zu schreiben und regelmäßig an Konferenzen teilzunehmen, katapultiert sich mit relativ hoher Wahrscheinlichkeit in eine Überlastungskrise, die sich irgendwann somatisch oder psychisch äußert – in Form von Schlaflosigkeit, Hörsturz, Depression oder anderen gravierenden mentalen Krisen. Obgleich unter anderen Bedingungen geschrieben, findet sich in der Autobiografie von Louis Althusser ein Symptom, von dem zahlreiche Geisteswissenschaftler*innen ein Lied singen können: Er spricht von seiner heimlichen Überzeugung, nicht gut genug zu sein, nicht genug zu arbeiten und im Grunde nichts zu wissen. Althusser beschreibt eindrucksvoll die aus diesem defizitären Grundgefühl resultierende Angst davor, dass der ganze Schwindel eines Tages auffliegen könnte. Was bei ihm noch als Angstfantasie gelten konnte, ist heute eine begründete Sorge, denn die Wahrscheinlichkeit, dass Akademiker*innen das ihnen auferlegte Pensum nicht bewältigen können und dahinter zurückfallen, ist inzwischen sehr real. Entweder sie finden sich damit ab, ihren riesigen Arbeitsberg niemals abzuarbeiten oder sie brechen irgendwann zusammen. Aus dieser Sicht hat der Beruf des/der Geisteswissenschaftler*in an einer Universität an Attraktion verloren, weil die früher mit dieser Tätigkeit assoziierte Freiheit eines weitgehend selbstbestimmten Arbeitens in den letzten Jahrzehnten massiv beschnitten wurde. Der gestiegene Erledigungsdruck, dem sich hier alle beugen müssen, hat aber auch eine technologische Dimension: Im Zuge der

Digitalisierung ist das zu bewältigende Arbeitspensum weiter gestiegen. Einige Kolleg*innen erzählen von mehreren hundert E-Mails, die sie beantworten müssen und die ihnen im Nacken sitzen. Im Vergleich zu diesem Arbeitsdruck muten Kunstakademien wie paradiesische Freiräume an, obwohl auch sie vermehrt in Universitäten umgewandelt werden. Ich würde es meiner Tochter jedenfalls nicht mehr unbedingt empfehlen, eine akademische Laufbahn in den Geisteswissenschaften einzuschlagen.

64.
SAISONERÖFFNUNG IM TENNISCLUB

Heute ist strahlender Sonnenschein, im Grunde der erste schöne Tag des Jahres 2016. Der Pool ist eröffnet, auf dem Weg dorthin sieht man Tennisspieler*innen* in kurzen Röcken posieren, mit ihren nackten Beinen läuten sie optimistisch den Sommer ein. Die Männer hingegen tragen noch immer ihre Barbour-Jacken oder wie schon in meiner Jugend in den Hamburger Elbvororten locker über die Schultern geworfene Kaschmir-Pullover, mit denen sie ihre Distinguiertheit zu unterstreichen versuchen. Die Szenerie erinnert an einen Werbefilm für einen Golfclub – happy white people im Sonntagsstaat. Ich schwanke zwischen kritischer Distanz und Zugehörigkeitsgefühlen, denn aufgrund meiner eigenen Biografie ist mir diese Welt vertraut und verhasst zugleich. Der Bademeister ist derselbe wie im letzten Jahr, auch die Aufstellung der Liegen ist die gleiche geblieben, was den Eindruck von Kontinuität erweckt: alles wie immer. In Wirklichkeit war das letzte Jahr durch massive Einbrüche und politische Verschiebungen gekennzeichnet, von denen hier im Tennisclub nichts zu ahnen ist. In Form von teuren Autos wird schon auf dem Parkplatz Wohlstand demonstriert. Erfolgreich haben sich einige Mitglieder eine Fassade aus Sattheit, Zufriedenheit und ungebrochenem Selbstbewusstsein aufgebaut, hinter der ihre Probleme unsichtbar werden. Auch zahlreiche Kinder sind im großbürgerlichen Stil herausgeputzt, die Mädchen tragen weiße Strumpfhosen und altmodische Schnallenschuhe, die Haare der Jungen sind sauber gescheitelt – Jacadi lässt grüßen. Es gibt aber auch Brüche, die sich in dieses bürgerliche Idyll einschleichen. Eine eher unelegante Handtasche von Michael Kors oder ein Auftritt in High Heels und engem Leopardenkleid, den man eher bei einem Escortgirl auf der Düsseldorfer Kö vermuten würde. Wie schon im Berlin der 1920er Jahre erweist sich die Idee eines Bürgertums in Reinform auch hier als ein Phantasma: Das Bild, das dieses Bürgertum von sich abgibt, ist sichtbar durch Risse geprägt und einige Mitglieder*innen stimmen ein Lamento darüber an, dass mittlerweile so viel Halbwelt, Immobilienmakler und sogar ehemalige Gefängnisinsassen den Weg in ihren Club gefunden hätten. Das Bedürfnis, sich nach unten hin abzugrenzen, scheint angesichts von verschwimmenden Klassengrenzen ausgeprägter zu werden. Der (soziologische) Reiz dieses Clubs besteht aus meiner Sicht allerdings gerade darin, dass es ihm nicht gelungen ist, ein (ohnehin imaginäres) homogenes Bürgertum in sich zu vereinigen und dass zu diesem Bürgertum spätestens seit dem 19. Jahrhundert auch Emporkömmlinge, sogenannte Neureiche oder Betrüger gehören.

65.
ALTE FOTOS UND BRIEFE

Wie soll man mit den Liebesbriefen verfahren, die die verstorbene Mutter hinterlassen hat? Was tun mit den vielen Fotos, die jetzt undatiert in einer Schublade herumliegen? Nach welchen Prinzipien soll man sie sortieren, vage einem Jahrzehnt zuordnen? Oder das auf ihnen Abgebildete (Kinder, Skiurlaube, Partys) zum Ordnungsprinzip erklären? Das Problem ist, dass die Fotos ein solches Kategoriensystem sprengen, da sie teilweise zeitlich unspezifisch sind und Unterschiedliches abbilden. Die größte Schwierigkeit besteht für mich jedoch darin, auch nur eines der zahlreichen Familienfotos wegzuwerfen, mich von ihm zu trennen. Wenn ich ein Foto entsorgen möchte, das meine verstorbene Mutter zeigt, fühlt es sich so an, als würde ich sie nach ihrem Tod noch einmal töten und zum Verschwinden bringen. Diese Verantwortung kann und will ich nicht tragen. Vielleicht ist es auch die Tradition des Heiligenbilds, die in diesem Respekt vor alten Fotografien mitschwingt: Die Zerstörung von Heiligenbildern kam schließlich einem Sakrileg gleich. In dem Moment, wo es ausschließlich Fotos (und Filme) sind, die der verstorbenen Person einen Rest von posthumer Präsenz garantieren, kann man sie unmöglich wegwerfen. Auf der anderen Seite möchte ich mich nicht in meiner Wohnung mit diesem ganzen Material belasten, mein ohnehin aus allen Nähten platzendes Arbeitszimmer mit noch mehr Kisten vollstellen. Ich bin deshalb jetzt auf folgende Lösung gekommen: Die Fotos, an denen mir etwas liegt und die ich für meine Tochter aufbewahren möchte, werde ich einscannen lassen und aufheben. Anschließend werden alle Fotos sortiert (grob nach Jahrzehnten und Themen) und in eine Kiste gepackt, die meine Geschwister dann in Augenschein nehmen werden. Sobald sie sich ihre Fotos ausgesucht haben, packe ich den Rest in den Keller – und warte darauf, dass ich eines Tages vielleicht dazu fähig sein werde, mich von ihnen zu verabschieden.

66.
VOR DEM GESETZ: REMBRANDT

Das in der Berliner Gemäldegalerie hängende Bild *Moses zerschmettert die Gesetzestafeln* (1659) ist mein Lieblingsbild von Rembrandt. Zunächst einmal deshalb, weil es den Farbauftrag in der für ihn typischen Weise in den Vordergrund rückt. Wir sehen uns einmal mehr auf die Substanzhaftigkeit der Farbe verwiesen, so wie es Svetlana Alpers in ihrem Rembrandt-Buch beschreibt. Die Farbe erscheint auch in diesem Bild mehrfach geschichtet, und zwar ohne dass das Dargestellte selbst diese Farbanhäufung rechtfertigen würde. Man sieht ein Meer aus braun-erdigen, nahezu abstrakt und verschmiert wirkenden Farbzonen, die aus diesem Bild ein *bad painting* avant la lettre machen. Auch das einfache Gewand von

Moses hat einen erdigen Farbton, der das ganze Bild irgendwie „matschig" wirken lässt – so als würde auf die Herkunft der Pigmente, auf ihre Erdverbundenheit verwiesen. Nur der Kopf des Moses wirkt beleuchtet, sein Blick jedoch bleibt verschlossen und ist entsprechend stumpf gemalt. Der rein optischen Wahrnehmung dieses Bildes wird durch diesen verschatteten Blick symbolisch eine Absage erteilt, man soll es taktil erfahren. Toll auch, wie Text gleichsam als Gegenspieler des Haptischen in Form der mit hebräischen Lettern beschriebenen Tafel ins Bild tritt. So „spricht" es durch diese Schrifttafel, jedenfalls zu denjenigen, die Hebräisch verstehen. Indessen scheint Moses die Gesetzestafel auf die vor dem Bild stehenden Betrachter*innen herabschleudern zu wollen. Er ist wütend darüber, dass das Goldene Kalb auch weiterhin angebetet wird. Sein Verhältnis zum Gesetz wird bei Rembrandt auch ambivalent gezeichnet: Wie zur Bekräftigung ihrer Gesetzeskraft wird die Tafel von Moses hochgehalten, zugleich leidet er aber sichtlich unter ihrer Last und ist kurz davor, sie abzuwerfen und sich von ihrer Geltungsmacht zu befreien. Dieses Bild setzt die Verzweiflung in Szene, einem Gesetz unterworfen zu sein. Denn in demselben Maße, wie Moses sein (imaginäres) Gegenüber zur Respektierung dieses Gesetzes auffordert, möchte er es offenkundig auch loswerden. Das Gesetz – repräsentiert durch die Gesetzestafel – ist in diesem Bild nichts, was den Menschen von außen aufoktroyiert würde. Es steht vielmehr in einem körperlichen Bezug zu Moses, der es in den Händen hält. Der Übergang zwischen dem Gesetz und den Körpern der Subjekte erscheint also fließend. Letztere haben das Gesetz körperlich verinnerlicht so wie es Gilles Deleuze später in seinem Modell der „Kontrollgesellschaft" beschreiben wird. Die überzogen theatralische Pose dieser Moses-Figur mit ihrem beleuchteten Schädel und ihren ausufernden Gesten – wie auf einer Bühne stehend – gefällt mir sehr, denn es ist ja gerade das betont Inszenierte ihrer Darstellung, das sie so glaubwürdig und mitreißend erscheinen lässt.

67.
LIEBE ALS EREIGNIS

Im Gefolge von Alain Badiou gibt es jetzt zahlreiche (zumeist männliche) Philosophen, die sich für die revolutionäre Kraft der Liebe aussprechen und deren *Ereignischarakter* betonen. Besonders ablehnend äußern sie sich über digitale Dating-Plattformen, die der Liebe (angeblich) den Zufall und das Risiko genommen hätten. Liebe wird stattdessen, wie zuvor schon beim „Amour fou"-Ideal der Surrealisten, zu einer Art Blitzschlag erklärt, der einem widerfährt, ohne dass er rationalisierbar wäre. Man kann sich ihm nur bedingungslos ergeben. So zutreffend es auch sein mag, dass sich die Liebe nicht wirklich kontrollieren oder planen lässt, wehrt diese Ereignisemphase doch die psychoanalytische Einsicht von Liebe als harter Arbeit ab. Statt pauschal von Liebe zu reden, wäre es ohnehin sinnvoller, zwischen dem Zustand der Verliebtheit und einer (durchaus arbeitsintensiven) Liebesbeziehung zu differenzieren. Im Topos von „Liebe als Ereignis" verrät sich im Grunde der Libertin, der sich auf die Schwierigkeiten einer dauerhaften Bindung nicht einlassen will. Denn damit aus Liebe eine vertrauensvolle, innige Beziehung wird, müssen sich die ekstatischen Gefühle der Verliebtheit – meiner Erfahrung nach – mit einer liebenden Akzeptanz des anderen in seiner Andersheit verbinden. Dies bedeutet in der Regel aber auch, Kompromisse auszuhandeln und miteinander in Kontakt zu treten. Dass der vielgeschmähte Algorithmus der Partnervermittlungen der Liebe den Zufall und das Risiko austreibt, trifft so auch nicht zu. Zwar werden hier zu Beginn Psychotests gemacht, die ausrechnen, ob die Leute zueinander passen, aber was im Anschluss passiert, also beim ersten Treffen und im weiteren Verlauf der Beziehungsanbahnung, geht doch weiterhin mit Zufällen, Unwägbarkeiten und Risiken einher. Der alte Zufall, dass man sich etwa in einer Bar oder in einem Club kennenlernte, wird durch einen neuen, letztlich viel größeren Zufall ersetzt, weil sich die Paare, die sich im Netz kennenlernen, im wirklichen Leben niemals begegnet wären. Ich finde es auch schwierig, über die mangelnde Bereitschaft zum Risiko beim Eingehen neuer Partnerschaften zu klagen. Vielleicht hat es mit einem erhöhten Sicherheitsbedürfnis in als prekär erlebten Zeiten zu tun, dass die Leute eher jemanden suchen, mit dem sie zusammenleben können als ein Amour-Fou-Erlebnis, das zudem ein hohes Verletzungsrisiko birgt. Wobei sich Risiken in der Liebe natürlich auch via Partnerschaftsvermittlung nicht ausschließen lassen.

68.
DAFT PUNK

Ich wusste nicht, dass der Name Daft Punk aus einer negativen Rezension stammt, die der Band „bekloppten Punk", also „Daft (englisch für bekloppt) Punk" vorwarf. Dass die Gruppe die herabsetzende Charakterisierung sogleich aufgriff, sich mit ihr identifizierte und sie mit neuer Bedeutung auflud, lässt auf eine Mischung aus Punk-Strategie und Appropriation Art schließen. In dem Dokumentarfilm über die Band, den ich auf Netflix sah, wurde jedenfalls deutlich, wie konzeptuell und marktreflexiv sie von Anfang an vorging. Mit Virgin Records handelte sie beispielsweise einen Vertrag aus, der der Plattenfirma die Rechte an ihren Platten nur für einen begrenzten Zeitraum einräumte. Anders als andere Bands bestand Daft Punk zudem darauf, sich um alles – Ästhetik der Musikvideos, Kooperationen, Auftritte und Bühnenbild – selbst zu kümmern. Bei der Entwicklung ihrer Musik nahmen sie sich alle Freiheiten, erfanden neue Sounds und ließen sich dabei (so jedenfalls die offizielle Darstellung) von niemandem reinreden. Früher als andere haben Daft Punk auch die Rave-Kultur in ihre Musik miteinbezogen. Besonders interessant ist natürlich ihre Entscheidung, sich persönlich im Hintergrund zu halten und niemals Interviews zu geben. Statt ihre Persona der Celebrity Culture auszuliefern, treten Daft Punk bis heute nur mit Helm als Roboter auf. Indem sie ihr Gesicht nicht zeigen, haben sie die Möglichkeit eines Privatlebens ohne Presserummel. Zugleich legen sie (passend zu ihrer elektronischen Musik) mit ihrem Roboter-Look natürlich auch einen unverkennbaren Auftritt hin und heizen mit ihrer Anonymität das Starsystem kräftig an. Von dieser Band kann man lernen, wie wichtig es ist, sich die ökonomischen Bedingungen der künstlerischen Produktion nicht von außen diktieren zu lassen. Aber man muss sich eine solche Position natürlich auch leisten können – dem Vernehmen nach stammen die Mitglieder von Daft Punk aus wohlhabendem Hause.

69.
ALTERSMILDE

Gestern beim Essen fiel die Bemerkung, dass wir uns jetzt, wo wir älter wären, nichts mehr beweisen müssten. Wir könnten eigentlich machen, was wir wollen. Ich fürchte, das Gegenteil ist der Fall. Gerade als älter Gewordene müssen wir uns mehr denn je anstrengen, denn die Gefahr, den Kontakt zur Außenwelt und damit auch zu potenziell hilfreichen kritischen Stimmen zu verlieren, um in isoliert selbstgerechter Manier vor sich hin zu produzieren, ist mit zunehmendem Alter recht ausgeprägt. Vielleicht kann man aus familiären oder gesundheitlichen Gründen nicht mehr so intensiv am sozialen Geschehen teilnehmen, was im Gegenzug bedeutet, dass man das Gespür für die aktuellen Diskussionen und Fragestellungen verliert und es einem nicht mehr so leichtfällt, neuere künstlerische Entwicklungen einzuordnen, weil einem die dazugehörigen sozialen Kontexte weniger vertraut sind. Meiner Erfahrung nach steigen die Ansprüche an die eigene Arbeit mit dem Älterwerden eher noch. Man kann schon deshalb nicht machen, was man will, weil man einfach mehr weiß und dies einem die Schwächen des eigenen Ansatzes deutlich vor Augen führt. Ich selbst registriere deutlich, an welchen Stellen ich es mir in meinen Texten zu einfach gemacht und die erforderliche Mehrarbeit umgangen habe. Je älter ich werde, desto strenger fällt der Blick auf meine Arbeit aus, ich weiß gewissermaßen zu viel, weshalb ich auch ziemlich genau weiß, was ich nicht weiß. Es ist also keine Attitüde des „Laissez faire, laissez aller", die mich im Alter lustvoll drauflos schreiben lässt, eher quäle ich mich mehr denn je mit Form- und Formatfragen, bevor der erste Satz überhaupt steht. Je weniger Zeit mir bleibt, desto sorgfältiger prüfe ich zudem, wozu ich überhaupt noch Stellung beziehen möchte. Zwar wäre es tragisch, im Alter verzweifelt den Anschluss an das aktuelle Geschehen zu suchen, aber trotzdem habe ich mir vorgenommen, für neue künstlerische Entwicklungen offen zu bleiben und einige Anstrengungen zu unternehmen, um die Praxis jüngerer Künstler*innen auch weiterhin zu verfolgen.

70.
BEI ROT LOSFAHREN

In den letzten zwei Jahren hat sich meine Sensibilität für den Straßenverkehr durch meine Fahrstunden beträchtlich erhöht. Während ich mit meinem Fahrlehrer durch Berlin kurve, werde ich häufig Zeugin von Situationen, in denen Autofahrer*innen trotz roter Ampel ungerührt die Kreuzung überfahren. Mehrmals täglich habe ich diese Übertretung einer der grundlegendsten Fahrregeln beobachten können: Fahrzeuge, die einfach bei Rot weiterfahren. Lässt diese Entwicklung auf eine gestiegene Ablehnung verbindlicher Normen unter den Autofahrer*innen schließen? Ist es der vielbeschworene Wutbürger, der seinem Hass auf den Staat und dessen Regularien auf diese Weise ein Ventil verschafft? Sind diese „Verkehrssünder*innen" also ein Indiz für die auch in den Medien konstatierte wachsende Aggressivität der Menschen, die sich gegen die Straßenverkehrsordnung, gegen die EU oder gegen ausländische Mitbürger*innen richten kann? Besonders als Fahranfängerin muss ich auf den Straßen Berlins derzeit mit allem rechnen. Jede/r scheint zu meinen, die Straße gehöre ihr/ihm. Navid Kermani hat diese Stimmung in der *FAZ* in einem ganz anderen Zusammenhang (Brexit-Kommentar) gut beschrieben: Die Leute würden mit „Freiheit" immer nur ihre eigene Freiheit und nicht die Freiheit der anderen, Schwächeren, weniger Gutgestellten meinen.

Entsprechend könnte man für die aggressiven Autofahrer*-innen sagen: Sie nehmen sich *ihre* Freiheit auf der Straße, wenn sie einfach bei Rot über die Ampel fahren. Sie sehen Freiheit nur als ihre eigene Freiheit und bedenken nicht die Freiheit der anderen, die sie dadurch beschneiden. Dass man sich auf diese Weise nicht nur selbst gefährdet, sondern auch das Leben anderer aufs Spiel setzt, scheint in diesen Momenten ausgeblendet zu werden. Der bei Rot über die Ampel preschende (zumeist männliche) Fahrer hat nur seine eigene Situation, das eigene Vorwärtskommen im Blick. Es könnte das oft zitierte Ende der Solidargemeinschaft sein, das sich im Straßenverkehr in Form von besonders rücksichtslosem und risikoreichem Fahrverhalten zeigt.

71.
FROZEN YOGHURT

In puncto Legendenbildung hat der Künstler Alex Israel viel von Jeff Koons gelernt. Wie Koons führt auch er seine Kindheit in Interviews als Erklärung für seine ästhetischen Präferenzen an. Koons erzählt ja regelmäßig, dass er schon im Möbelgeschäft seines Vaters Display-Erfahrung gesammelt und sich für alles Neue begeistert hätte. Ähnlich verweist Alex Israel im Gespräch mit mir auf das Frozen-Yoghurt-Imperium seines Vaters, das ihn zu seiner Skulptur des selben Motivs (aus Marmor und Styropor) inspiriert hätte. Israels auf einem Sockel platziertes Frozen-Yoghurt-Objekt wäre aus dieser Sicht auch als Denkmal einer privilegierten Kindheit in Los Angeles zu betrachten. Bei genauerem Nachdenken über den autobiografisch-psychischen Subtext dieses Objekts ist es jedoch komplizierter. Es greift nicht nur Kindheitserinnerungen auf, sondern leistet auch eine Art Traumabewältigung, weil es symbolisch für ein verlorenes Paradies steht. Als ich Israel bei seiner Ausstellungseröffnung im Astrup Fearnley Museum of Modern Art in Oslo – begleitet von Mutter und Schwester – erlebte, realisierte ich nicht nur die Bedeutung dieses familiären Zusammenhangs für seine Arbeit, sondern symptomatisch war darüber hinaus, dass er das Museumsrestaurant am

Eröffnungsabend gebeten hatte, besagten Frozen Yoghurt als Dessert zu servieren (auch die Tageskarte war von Israel verändert und mit LA-typischen Gerichten versehen worden). Die Figur des Vaters, die ja hinter seiner Frozen-Yoghurt-Obsession steht, war jedoch bezeichnenderweise an diesem Eröffnungsabend abwesend, wobei mir seine Familie versicherte, dass dieser Vater sonst immer dabei wäre. Vor Jahren hatte er sich von der Mutter getrennt und die Schwester berichtete mir, wie schwer ihr das Pendeln zwischen beiden Elternteilen gefallen sei. Dass eine Trennung der Eltern, egal wie harmonisch sie verlaufen mag, bei den Kindern Narben hinterlässt, war hier deutlich zu spüren. Als der Frozen Yoghurt nach langer Wartezeit endlich serviert wurde, stürzten sich besonders Israels Mutter und Schwester darauf. Sie schienen so fixiert auf den Frozen Yoghurt zu sein, als würde etwas Magisches von ihm ausgehen. Frozen Yoghurt scheint in dieser Familie etwas positiv Konnotiertes zu sein, womöglich steht er sinnbildlich für die Zeit, als die Eltern noch zusammen waren. Der Geschmack des Frozen Yoghurts käme aus dieser Perspektive einem proust'schen Madeleine-Erlebnis gleich, das Alex, seine Schwester und seine Mutter in die intakte Familie zurückversetzt, die es nun nicht mehr gibt. Zwar werden psychologische Erklärungen dieser Art in der Kunstkritik aus (berechtigter) Angst vor psychologistischer Verkürzung vermieden, dennoch scheint es mir sinnvoll, die besondere symbolische Aufladung des Frozen-Yoghurt-Motivs bei Israel *unter anderem* auch auf einen in ihm mitschwingenden psychischen Subtext zurückzuführen. Dass Frozen Yoghurt in der psychischen Ökonomie Israels als ein Objekt des Begehrens fungiert, wird im Übrigen auch auf der materiellen Ebene dieses Objekts sichtbar. Es besteht sowohl aus vergänglichem als auch aus beständigem Material – aus Styropor und Marmor – was Vorläufigkeit und Dauer zugleich signalisiert. Die Marmoranteile machen dieses Objekt zum Monument einer retrospektiv verklärten, glücklichen Kindheit, während das Material Styropor die Vorläufigkeit und den möglichen Zerfall dieser Idylle symbolisiert.

72.
OFFENE BRIEFE

Gestern habe ich mich auf den Stand des vielzitierten Volksbühne-Skandals gebracht. In einem offenen Brief sind namhafte Kurator*innen des Kunstestablishments Chris Dercon quasi argumentfrei zur Seite gesprungen. Mit keinem Wort wird in diesem Schreiben die Möglichkeit angedeutet, dass die Bedenken und Ängste der Volksbühne-Mitarbeiter*innen durchaus berechtigt (oder zumindest nachvollziehbar) sein könnten. Schließlich hatten sie ihren Brandbrief erst formuliert, nachdem sich Dercon der gesamten Belegschaft vorgestellt hatte. Es stimmt also nicht, wie in dem Pro-Dercon-Schreiben der Kurator*innen behauptet, Dercon sei einer Vorabverurteilung zum Opfer gefallen. Bezeichnend finde ich zudem, dass die Dercon-Befürworter*innen ihr Schreiben demonstrativ auf Englisch verfasst und damit ihre Zugehörigkeit zum globalen Kunstbetrieb und ihre Distanz zu dem auf Deutsch verfassten Brief der Volksbühne-Mitarbeiter*innen markiert haben, der im Vergleich jetzt „provinziell" wirkt (und auf dessen Inhalt sie auch gar nicht weiter eingehen). Von Dercon sprechen die Kurator*innen so, als wäre er über jeden Zweifel erhaben: einfach ein guter Mann und einer von uns, ohne dies argumentativ zu begründen. In einer E-Mail schrieb mir meine Freundin S., dass man sich nur einmal ausmalen müsste, wie dieselben Kurator*innen, die sich jetzt für Dercon an der Volksbühne ausgesprochen haben – von Kasper König über Susanne Gaensheimer zu Matthias Mühling – wohl reagieren würden, wenn Castorf zum Leiter der nächsten documenta berufen worden wäre. In einem solchen Fall wäre ihr Plädoyer für ästhetische Grenzüberschreitung und Crossover zwischen den Milieus sicherlich zurückhaltender ausgefallen. In Vergessenheit gerät im Moment zudem, dass die Volksbühne seit den 1990er Jahren durchaus mit hybriden Formaten experimentiert und den Brückenschlag zur bildenden Kunst vorangetrieben hat – sie war eine Vorreiterin auf diesem Gebiet. In dem offenen Brief der Mitarbeiter*innen wird entsprechend betont, dass man keine Angst vor „Neuem" habe, auch wenn ihnen dies oft unterstellt würde. Sie äußern vielmehr ihre (verständliche) Sorge darüber, dass mit Dercon die Tradition eines politisch engagierten Sprechtheaters ebenso zu Ende gehe, wie eine Abwicklung der Werkstätten zugunsten von Event-Produktionen womöglich bevorstehe. Sowohl die Dercon-Kritiker*innen als auch seine Unterstützer*innen müssten meines Erachtens stärker darauf eingehen, wofür er als Kurator programmatisch steht. Was Dercons Politik nämlich bislang auszeichnete, war der gekonnte Spagat zwischen Blockbuster-Shows (Ausstellungen von „großen", markterfolgreichen, in der Regel männlichen Künstlern), verknüpft mit neoliberalismuskritischer Rhetorik. Dass Markterfolg und eine die eigene Teilhabe an den Marktverhältnissen ausblendende Marktkritik in der Kunstwelt perfekt zusammengehen, könnte man bei dieser Gelegenheit ebenfalls aufzeigen.

73.
GETRENNTE MAMA

Irgendwann gewöhnt man sich daran, die eigene Tochter nur noch die Hälfte der Zeit ihres Kinderlebens zu sehen. In meinem Fall war es am Anfang kaum auszuhalten, mich allwöchentlich auf die Zeit ohne sie und den damit verbundenen Trennungsschmerz einzustellen. Ich vermisste sie auf eine nahezu körperliche Art, als wäre ein Teil von mir abgetrennt worden. Sieben Tage lang hatte ich die Mutterrolle ausgefüllt, war innig mit ihr zusammen, stand früh auf, machte Frühstück und kaufte für das Abendessen ein. In der darauffolgenden Woche war ich dann wieder ohne Kind, schlief länger und lebte unstrukturierter. Mit der Zeit gelang es mir jedoch, die gewonnenen Freiräume für meine Beziehung und meine Freundschaften zu nutzen. Die Übergänge zwischen dem Leben mit und ohne Kind kosten mich aber jedes Mal viel Kraft. Es dauert immer ein wenig, bis ich mich wieder auf die andere Existenzform eingestellt habe. Eine weitaus größere Herausforderung stellen die längeren Abwesenheiten meiner Tochter in den Sommer- und Weihnachtsferien dar. Jetzt steht es mir wieder bevor, dass sie drei Wochen lang mit ihrem Vater nach Portugal verreisen wird. Bei diesem Gedanken schießen mir Bilder von hohen Atlantikwellen in den Kopf und mich überfallen irrationale Ängste angesichts ihrer Tauchbegeisterung. Beruhigender wäre es, wenn ich den Ort, wo sie hinfahren, selbst kennen würde, mir ein Bild von der Situation dort machen könnte, statt sie mir nur als gefährlich auszumalen. Verständlicherweise schätzt es meine Tochter gar nicht, wenn ihre Ferien mit ihrem Vater durch häufige Anrufe ihrer Mutter unterbrochen werden. Ich werde mich dieses Mal zurückzuhalten versuchen, aber ich weiß jetzt schon, dass der morgige Tag ihrer Abreise schwer für mich sein wird. Statt die Zeit für meine Arbeit und „für mich", wie es immer so klischeehaft heißt, zu nutzen, werde ich in den ersten Tagen ihrer Abwesenheit untätig und wie gelähmt am Frühstückstisch sitzen. Irgendwann kommt dann aber doch erfahrungsgemäß der Punkt, an dem ich die größeren Freiräume zu genießen beginne und meine Beziehung ganz anders lebe und zelebriere, denn nun können wir essen gehen, wann immer wir Lust haben oder spontan einen Film anschauen. Trotzdem wäre es mir lieber, wenn die Kleine hier wäre.

74.
WEISSER LASTER

Nach dem entsetzlichen Anschlag auf der Promenade des Anglais in Nizza, bei dem zum ersten Mal auch zahlreiche Kinder gestorben sind, geht die Angst um, so etwas könne jederzeit und überall passieren. Unter Freund*innen haben wir passend zu diesem Befund neulich festgestellt, dass wir uns aufgrund der Anschläge inzwischen auf öffentlichen Plätzen, Bahnhöfen oder Flughäfen sehr viel umsichtiger bewegen: Wir versuchen uns zuerst ein Bild der Gesamtlage zu verschaffen und reagieren auf unerklärliche Geräusche eher schreckhaft. Gestern, auf dem Weg nach London, empfand ich die Menschenmassen am Flughafen Schönefeld in ihrer Unübersichtlichkeit als geradezu bedrohlich. Denn hier war es unmöglich, den Überblick zu behalten und gegebenenfalls rechtzeitig zu fliehen. In der Londoner Innenstadt sah ich dann jenen Typus des weißen Lastwagens, den der Attentäter von Nizza gefahren hatte. Der Laster erschreckte mich, ich sah in ihm ein potenzielles Mordwerkzeug, dem man sofort aus dem Weg gehen musste. Mir wurde klar, mit welcher Wucht ein solcher LKW Menschen zermalmen und unter sich begraben kann. Im Café sitzend, stellte ich mir vor, dass dieses Fahrzeug nun abrupt seine Richtung wechseln und auf mich zurasen würde. Müssten die Fahrer*innen solcher Lastwagen jetzt nicht eindeutige Zeichen ihrer Friedfertigkeit aussenden? Wenn das Ziel der Terroranschläge auch darin besteht, die Menschen in einen Zustand der permanenten Anspannung und Alarmbereitschaft zu versetzen, dann haben sie dieses Ziel im Moment bei mir erreicht. Dass Medien und Politiker*innen derzeit mantragleich wiederholen, man sei nirgendwo mehr sicher, trägt nicht gerade zur Beruhigung dieser allgemeinen Angststimmung bei, von der auch ich mich nur schwer abgrenzen kann.

75.
TATE-ANBAU

Beim Besuch des neuen Anbaus der Tate Modern in London (The Tanks) wurde mir klar, was mit der Berufung ihres Direktors zum neuen Leiter der Berliner Volksbühne auf letztere zukommen wird: Performance, Performance, Performance. Der Schwerpunkt dieser Sammlungspräsentation liegt auf der Performance Art, die hier als eine (vermeintlich) progressivere, weil (angeblich) weniger warenförmige Kunstform präsentiert wird. In Wahrheit ist jedoch das Gegenteil der Fall: Performances haben erstens seit den 1960er Jahren durch Props, Dokumentationen und Relikte selbst dafür gesorgt, dass sie materielle Objekte zur Verfügung stellen, an denen sich ihr Wert festmachen lässt – sie unterminieren die Warenförmigkeit also keineswegs. Und zweitens hat sich auch der Körper der Performerin (siehe Marina Abramovićs *The Artist is Present*) längst in etwas Warenförmiges verwandelt:

In einer Ökonomie, die auch auf unsere Körper und unsere Persona als Ressourcen zielt, stellen Performances das allseits Begehrte zur Verfügung. Performances gibt es also überall im Tate-Anbau zu sehen, der die Atmosphäre eines leicht desorientierenden Bunkers verströmt. Im Erdgeschoss werden filmische Dokumentationen über die oder Interviews mit den ausgestellten Künstler*innen gezeigt, gesponsert von der Businessnews-Firma Bloomberg. Das ökonomisch Rentable der Performance zeigt sich also auch hier. Die gesamte Präsentation wird von einer naiv anmutenden Aufforderung zur Interaktion begleitet. Nicht nur von den Kunstwerken selbst wird man ständig zum Mitmachen angehalten, auch das Museum stellt den Besucher*innen unentwegt Fragen, möchte von ihnen wissen, was ihnen gefallen hat und gibt ihnen das trügerische Gefühl, ihre Meinung zähle. Absurd fand ich in diesem Zusammenhang, dass der Tunnel mit Drone-Musik von Mike Kelley, der zur Partizipation aufruft (man soll durch ihn hindurchkriechen) *und* zugleich den Zumutungscharakter der Partizipation unterstreicht, hier unmittelbar neben Arbeiten mit großer Partizipationsemphase gezeigt wird. Dabei suchte sich Kelleys Arbeit gerade davon abzugrenzen und wird jetzt durch ihre räumliche Platzierung hineingezogen. Malerei ist in dieser Sammlungspräsentation bezeichnenderweise nur in Ausnahmefällen erlaubt, etwa dann, wenn sie einen expliziten politischen Bezug aufweist, wie die *Map-Bilder* von Julie Mehretu. Einen Zustand der kognitiven Dissonanz bei der Betrachtung lösen schließlich die anti-neoliberale Rhetorik und Anti-Gentrifizierungs-Parolen aus, die sich leitmotivisch durch die Ausstellung ziehen. Denn zugleich macht sie ja keinen Hehl aus ihrer Abhängigkeit von privaten Sponsoren, was die Ökonomisierung des öffentlichen Raums im Neoliberalismus demonstrativ ins Bewusstsein hebt. Die Firma Framestore darf hier sogar Inhaltliches verantworten, wie die besagten Doku-Räume mit Filmen über die teilnehmenden Künstler*innen. Und da diese Ausstellung auf Performances und damit auch auf die Vermarktung von lebenden Künstler*innen-Körpern setzt, kommt sie den Abschöpfungsgesetzen der gegenwärtigen Ökonomie ebenfalls entgegen.

76.
DIE IDIOSYNKRASIEN DER JUGEND

Kürzlich begegnete ich einem Mann, der vor circa dreißig Jahren eine zentrale Rolle in meinem Leben spielte, weil er mir jahrelangen Liebeskummer verursachte. Es waren vor allem seine exzentrischen Angewohnheiten, etwa seine Eigenart, sein Gegenüber durch Wegbiegen seines Kopfes niemals direkt anzublicken und das punktuelle Zucken in seinem Gesicht samt leichtem Tremolo in seiner Stimme, die mich damals so stark für ihn einnahmen. Mehr noch: Seine eigentümliche Mimik und Körpersprache hatten bei mir Gefühle wie Rührung und tiefe Zuneigung ausgelöst, so als würde ich allein die geheimen Qualen, die sich hinter diesen ungewöhnlichen Gesten verbargen, verstehen und lindern können. Andere Männer kamen mir im Vergleich dazu langweilig und konventionell vor, wohingegen mir dieser Mann aufgrund seiner wunderlichen Ticks grenzenlos begehrenswert erschien. Dreißig Jahre später sitzt er mir im Restaurant gegenüber und mein Blick auf ihn ist ein ganz anderer geworden. Seine früher auf interessante Weise exzentrisch anmutenden Gesichtsbewegungen haben sich inzwischen derart verfestigt und in seine Züge eingegraben, dass sie nur noch neurotisch wirken. Und sein ruckartig-affektiertes Sprechen, das ich früher als ausgesprochen „charming" und doriangrayhaft empfand, liest sich heute als Spur eines Lebens, das ihn sichtlich gezeichnet hat. Das vormals Exzentrische ist mit zunehmendem Alter in eine Art Neurose umgeschlagen. Ich frage mich bei dieser Begegnung aber auch unwillkürlich, ob mein Gegenüber in meinen Gesichtszügen und Gesten wohl vergleichbare Verwüstungen registriert?

77.
HAUSVERKAUF

Das Haus meiner verstorbenen Mutter wird jetzt verkauft. Ich war eigentlich immer der Überzeugung gewesen, über keine besonders emotionale Bindung an dieses Haus zu verfügen, in dem ich schließlich nur wenige Jahre meines Teenagerlebens verbracht habe. In den letzten Jahrzehnten habe ich es jedenfalls tunlichst vermieden, dort zu übernachten. Und wenn ich meine Mutter einmal in ihrem Zuhause besuchte, trat ich schnell wieder die Flucht an, denn dieses Haus, ein Reihenhaus wohlgemerkt, steht stellvertretend für all das, was ich als Erwachsene hinter mir lassen wollte: Vor allem jenes ohnmächtige Gefühl eines Kindes, den Verhältnissen ausgeliefert zu sein, etwa bei den vollendeten Tatsachen, mit denen uns unsere Eltern regelmäßig konfrontierten. Bei existenziell wichtigen Entscheidungen wie Umzügen oder Hausverkäufen wurden wir grundsätzlich nicht miteinbezogen und auf unsere Gefühle wurde keine Rücksicht genommen. Als Reihenhaus steht dieses Haus aber auch sinnbildlich für den Statusverlust und eine als kleinbürgerlich empfundene Enge, die ich mit der Scheidung meiner Eltern assoziierte. Mein Vater, der uns in den Jahren zuvor einen eher großbürgerlichen Lebensstil finanziert hatte, war nun abwesend. In seinem neuen Haus gab es kein Kinderzimmer und damit buchstäblich keinen Platz für uns. Da ich mich in dem Reihenhaus nicht wohl fühlte und auch bei ihm keinen Ort hatte, musste ich die Idee eines positiv kodierten Zuhauses endgültig aufgeben. Jetzt wo besagtes Reihenhaus bald verkauft sein wird, kommt bei mir allerdings doch Wehmut auf, dass es nicht mehr aufsuchbar sein wird. Hier war schließlich das mit zahlreichen Erinnerungsstücken angefüllte Zuhause meiner Mutter, in den Schränken hingen ihre Kleider, überall standen Relikte ihrer Existenz herum und man spürte noch im leeren Haus nach ihrem Tod ihre Anwesenheit. Wenn das Haus jetzt von einer anderen Familie bewohnt sein wird, werden auch die letzten Spuren ihrer Existenz getilgt sein. Schon indem wir Kinder das Haus leerräumten, schafften wir die Grundlage für ihr endgültiges Verschwinden. Besuchen können wir unsere Mutter in Zukunft nur noch an ihrem Grab, ihr unmittelbarer Lebenszusammenhang hingegen wird unwiderruflich ausgelöscht sein.

78.
RÜCKKEHR NACH REIMS

Dieses allseits gefeierte Buch von Didier Eribon ist wirklich großartig. Der Autor wirft einen soziologisch geschulten Blick auf seine Vergangenheit, mit der er jahrelang gebrochen hatte und zu der er jetzt, anlässlich des Todes seines Vaters, buchstäblich zurückzukehren versucht. In seiner Darstellung erscheint es überaus nachvollziehbar, dass er sich von seinem Herkunftsmilieu – seine Mutter war Putzfrau und sein Vater Hilfsarbeiter – vehement abgrenzen musste. Nur indem er seinen Klassenhintergrund verleugnete und abspaltete, konnte er zu dem linken, homosexuellen Intellektuellen werden, der er heute ist. Statt sich mit Schuldgefühlen darüber zu plagen, vor dem Tod des Vaters keinen Kontakt zu ihm gehabt zu haben und auch mit seinen Brüdern keinen Umgang zu pflegen, begegnet er den eigenen Verwerfungen mit Verständnis und Empathie. Es geht im Buch also darum, die Gründe für diesen radikalen Bruch retrospektiv nachzuvollziehen. Jede und jeden, die/der mit ihrer/seiner Familie gebrochen hat oder ihr gegenüber starke Entfremdungs- und Distanzgefühle hegt, erinnert Eribons Buch daran, dass dieses schmerzhafte Abstandnehmen zumeist auf einer existenziellen Notwendigkeit basiert. Aus meiner Sicht hätte er sich jedoch genauer mit den Spaltungen befassen können, die aus einer solchen Negierung der eigenen Familiengeschichte resultieren, denn das Herkunftsmilieu prägt einen ja, ob man will oder nicht, es reicht in die Gegenwart hinein und lässt einen nicht los. Mit einem Fuß steht man noch in der ursprünglichen familiären Konstellation, auch wenn man der Überzeugung ist, längst über sie hinausgewachsen zu sein. Wie stark das eigene Beziehungsverhalten, die Einstellung zu Freund*innen und Beruf auf Kindheitserlebnisse zurückgehen und von ihnen geformt werden, kann man im Rahmen einer Psychotherapie erfahren. Psychotherapie scheint jedoch für Eribon eine Art heterosexistisches, rotes Tuch zu sein, so als würde hier immer noch von der Norm des heterosexuellen Paares ausgegangen. Das große Verdienst des

Buches scheint mir hingegen darin zu bestehen, dass es das mir sehr vertraute Gefühl beschreibt, nirgendwo hinzugehören und in jeder sozialen Situation irgendwie unbehaust zu sein. Nicht nur sich selbst begegnet Eribon mit verständnisvoller Nachsicht, auch seine Eltern, den homophoben und gewalttätigen Vater, der wie der Rest der Familie irgendwann den Front National wählte, versucht er zu verstehen. Seine Reflexionen über die Arbeiterklasse kommen einem soziologischen Höhepunkt gleich, weil sie erklären, wie es dazu kommen konnte, dass Leute, die lange Zeit die Kommunistische Partei wählten, eines Tages zum Front National überwechseln. Eribon rechnet auch mit der Verklärung der Arbeiterklasse ab, wie sie die kritische Soziologie in Frankreich betreibt und erinnert daran, dass Arbeiter*innen nicht notwendig emanzipatorisch gestimmt sein müssen. Diese Klasse sei keineswegs naturgemäß links und es bedürfe dafür bestimmter Sprachrohre und Parteien, die ihre Interessen glaubhaft vertreten. Auch Eribons Auseinandersetzung mit Pierre Bourdieu ist erhellend. Er wirft Bourdieu nicht zu Unrecht vor, in seinen autobiografischen Gedanken nicht wirklich erklärt zu haben, warum er die Identität des renitenten, aggressiven Schülers gegen diejenige eines an Eliteschulen reüssierenden Überfliegers eintauschte. Wie es zu diesem Wandel kam, bliebe bei Bourdieu ungeklärt. Eribon hingegen schildert die Zwänge, die ihn schließlich dazu brachten, sich systemkonform zu verhalten. Hätte er im Gymnasium weiter rebelliert, wäre er – aufgrund seiner Herkunft ohnehin der wahrscheinlichere Weg – von der Schule geflogen und dies hätte ihm die Flucht aus seinem Herkunftsmilieu verunmöglicht. Gute Leistungen zu erbringen und auf Widerstand zu verzichten, stellte für Eribon, anders formuliert, den einzigen Weg dar, um in eine andere gesellschaftliche Klasse aufzusteigen. Die Lektüre bestimmter Bücher verhalf ihm als Homosexuellem zu einem Ort und zu einer Kultur, die seine Identität fassbar machten. Bücher können einen in der Tat retten, wie ich aus eigener Erfahrung weiß. Zwar bin ich keinem Arbeitermilieu entflohen, dennoch musste auch ich mich recht entschlossen von meinem bürgerlichen Milieu abwenden, den Kontakt zu hockeyspielenden

Freundinnen und ihren paternalistischen Männern abbrechen, um mich als die zu entwerfen, die ich heute bin oder besser, zu sein versuche. Die daraus resultierenden Spaltungen, etwa zwischen meinem Leben als linker Intellektueller und meiner Luxusaffinität, bestimmen mich bis heute, auch wenn ich (hoffentlich) einen Umgang mit ihnen gefunden habe. Eribons Buch zu lesen, ist vor diesem Hintergrund ungemein tröstlich und hilfreich.

79.
BADEHOSEN

Am Strand von Sainte-Maxime tragen die Männer beinahe alle bunte Badehosen mit kindlichen Prints. Mal sind es Automotive, dann wieder Bilder von Schildkröten oder Seesternen, mit denen diese Hosen im Boxershorts-Schnitt bedruckt wurden. Auch der mobile Badehosenverkäufer bietet sie an, wobei sie alles andere als günstig sind. Gelegentlich sieht man Väter mit ihren kleinen Söhnen im Partnerlook den Strand entlang flanieren, stolz die regressiven Muster ihrer Badehosen vorführend. Was geht da vor? Möchte man mit seiner Badehose jene Bereitschaft zur Regression bekanntgeben, der das Strandleben ohnehin Vorschub leistet? Qua Badehose signalisieren die Männer demnach, dass sie am Strand zum Kind werden. Oder ist es genau andersherum: Die Männer in Printbadehosen reklamieren die Rolle des souveränen Erwachsenen für sich, der sich diesen Flirt mit dem Infantilen in den Ferien auch deshalb leistet, weil er wie in Klammern gesetzt erscheint und die Ausnahme bleibt? Dazu passt, dass es oft eher posh anmutende Männer sind, die diese Badehosen, die sie in jedem anderen Kontext der Lächerlichkeit preisgeben würden, mit großer Selbstverständlichkeit tragen, als gehörten sie zur Konvention des Strandlebens. Nach einer gewissen Zeit habe auch ich mich an den Anblick dieser infantilen Prints gewöhnt. Sie passen im Grunde perfekt zu den regressiven Freuden des Strandlebens.

80.
KNAUSGÅRD LESEN

Beim Lesen von Karl Ove Knausgårds *Leben* neige ich immer dazu, die allzu geschwätzigen Passagen zu überblättern. Es ist schwer, ihm interessiert zu folgen, wenn er gleichsam vom Hölzchen aufs Stöckchen kommt und all das, was ihm gerade durch den Kopf geht, niederschreibt. Oft wird die angefangene Erzählung wegen eines langatmigen Flashbacks verlassen, bei dem dann Gespräche, Begegnungen und Beobachtungen aller Art ausführlich wiedergegeben werden. Zwar vermag mich dieses bekenntnishafte Schreiben streckenweise durchaus in Bann zu ziehen, aber es gibt immer wieder diese rein deskriptiven „Hänger“, die bei mir als Leserin leichte Ungeduld und Genervtheit aufkommen lassen. Vor allem jene Passagen, die seine verzweifelten sexuellen Anstrengungen und seine begehrlichen Blicke auf jüngere Frauen beschreiben, empfand ich als extrem ermüdend und klischeehaft. Wie ein Wiedergänger des Dirty-Old-Man-Typus lechzt der Autor/Protagonist den attraktiven Frauen hinterher, scheitert aber aufgrund von premature ejaculation bei jedem Versuch, sie ins Bett zu bekommen. Auch der Verweis auf seine ständige Betrunkenheit zeugt von einer männlichen Boheme-Existenz, die in den 1980er Jahren hängen geblieben ist und sich längst überlebt hat. Dass das Buch diese Lebensform noch einmal greifbar werden lässt (ähnlich wie bei Michel Houellebecq) könnte man ihm allerdings auch zugutehalten. Trotzdem hätte Knausgård eines strengeren Lektorats bedurft, das seinen Text zusammenkürzt, komprimiert und verdichtet.

81.
GIRLFRIEND EXPERIENCE

In der *Vanity Fair* las ich kürzlich einen Artikel über junge Studentinnen in Amerika, die sich die hohen Studiengebühren, aber auch die von ihnen begehrten Luxusartikel dadurch finanzieren, dass sie einem Suggardaddy ihre

Dienste (von Escortservice hin zu Sex) erweisen. Sie würden ihrem Auftraggeber auf diese Weise zu jener *Girlfriend Experience* verhelfen, nach der er sich sehne. Ohne dass er jedoch die Arbeit, die ein Girlfriend eben auch bedeutet, leisten und ohne dass er sich auf eine ernsthafte Beziehung einlassen müsse. Der ökonomische Druck auf Student*innen ist offenkundig inzwischen derart ausgeprägt, dass sie vor der Vermarktung ihrer Körper/ihrer Sexualität nicht mehr zurückschrecken und diese vielmehr als Assets betrachten, die sie gewinnbringend einsetzen können. Auch der soziale Druck, über bestimmte Statussymbole (wie Luxustaschen oder Designerschuhe) zu verfügen, muss in den letzten Jahren enorm gestiegen sein, wenn sich junge Frauen jetzt sogar prostituieren, um sich Chanel Bags oder ihre Gucci Loafer zu kaufen. Es gibt entsprechende Websites für Suggardaddys, die ihnen ihre Girls vermitteln. Die jungen Frauen selbst legen laut *Vanity Fair* allerdings großen Wert darauf, diese Tauschgeschäfte (Sex gegen Geld oder luxuriöse Geschenke) *nicht* als Prostitution, sondern als ganz „normale Deals" zu verstehen, bei denen ihre Jugend, Schönheit und Sexualität als Einsatz fungiert, der im Gegenzug großzügig entlohnt wird. Was dieser „Deal" allerdings psychisch mit den Frauen macht – mit ihrem Gefühlsleben und ihrer Beziehungsfähigkeit – darüber steht in dem Artikel bezeichnenderweise nichts.

82.
LUXUSYACHTEN

Als ich zum letzten Mal, circa 1981, an der Strandpromenade von Saint-Tropez entlanglief, lagen dort kleine, schrabbelige, manchmal auch größere elegantere Segelboote im Hafen. Die protzigen Luxusyachten, die sich dort heute dicht aneinanderreihen, gab es damals noch nicht. Letztere sind grundsätzlich mehrstöckig und türmen sich wie schwimmende Duplex-Penthäuser vor einem auf. Auf ihren Terrassen, stets der Promenade zugewandt, führen die Yachtbesitzer*innen den Passant*innen ihr schönes Leisure-Luxusleben vor, indem sie demonstrativ Karten spielen oder sich von ihrem Personal das Essen servieren lassen. Einige Passant*innen gehen so weit, vor diesem Spektakel stehen zu bleiben, um einen kurzen Einblick in das ihnen ansonsten verschlossene Leben der Reichen zu ergattern. Man könnte sagen, dass die Promenade in Saint-Tropez einer aufgeschlagenen dreidimensionalen *Gala* gleicht, man kann hier die rich people bei den Ritualen ihres (vermeintlichen) Luxuslebens betrachten. Die Grenze zwischen der herrschenden Klasse auf ihren Schiffen und der vom Abstieg bedrohten Mittelschicht auf der Promenade wird dabei von Sicherheitsleuten bewahrt, die die besonders großen Yachten bewachen und abschirmen. Besonders erstaunlich erscheint mir, dass diese demonstrative Darstellung von Reichtum und Luxus keine Wut bei den Passant*innen erregt. Sie scheinen eher dankbar zu sein, diesem Schauspiel, wenn auch nur aus gesicherter Distanz, beiwohnen zu dürfen. Als würden sie einen Hauch des ihnen vorgelebten Luxuslebens dadurch erhaschen, dass sie es von der Promenade aus beobachten.

83.
MIDDLE AGE IN FRANKREICH

In Südfrankreich kann man immer wieder Zeuge dessen werden, dass sich zahlreiche ältere Französinnen von der Biologie nicht ins Bockshorn jagen lassen. Statt nämlich dem Klischee der *middle-aged women* zu entsprechen, deren Attraktivität (vermeintlich) nachgelassen hat, nehmen diese Frauen das Selbstverständnis der immer noch sexuell begehrenswerten Frau für sich in Anspruch und zwar ganz selbstverständlich. So liegen sie in ihren knappen Tanga-Bikinis am Strand, die sie niemals gegen einen vermeintlich vorteilhafter geschnittenen Badeanzug eintauschen würden. Die Vorstellung, dass es altersgerechte modische Inszenierungen gäbe, strafen sie mit ihren seit dreißig Jahren gleichgebliebenen Ponyfrisuren und ihren jugendlichen Körpern Lügen. Es wirkt so, als würden diese Frauen mit ihren jüngeren Ichs in Verbindung bleiben, die sie nicht etwa hinter sich lassen, sondern neu formatieren.

Ihr jüngeres Ich schwingt in ihrer aktuellen Selbstinszenierung immer noch mit. Angesichts von derart jung gebliebenen älteren Frauen muss ich an die von deutschen Männern (und Frauen) in diesem Zusammenhang häufig abgegebenen Kommentare denken, derartige Aufmachungen seien bei älteren Frauen grotesk. Man verlangt von ihnen, sich doch bitte ihrem Alter entsprechend zu kleiden und zu verhalten. Mit anderen Worten, von der älter gewordenen Frau wird immer noch erwartet, dass sie sich entsexualisiert und dem Bild einer Frau in den mittleren Jahren entspricht. Ich empfinde es als gleichermaßen ermutigend und charmant, wie sich zahlreiche Französinnen am Strand dieser sexistischen Erwartung verweigern, ohne dabei verzweifelt gegen den Prozess des Alterns anzukämpfen. Sie sind zwar älter geworden und haben sich entsprechend auch körperlich verändert, doch in vielerlei Hinsicht sind sie auch die Gleichen geblieben.

84.
STATUSMELDUNGEN AUF FACEBOOK

Besonders viel Aufmerksamkeit erhalten jene Statusmeldungen auf Facebook, die Bezug auf die eigene Lebenswirklichkeit nehmen: Fotos, die einen vor Kunstwerken, am Strand oder mit dem Partner zeigen. So erhielt ich für ein Urlaubsfoto mit Führerschein in der Hand auf Anhieb hundert Likes. Für das Posten meines Marcel-Broodthaers-Textes hingegen, der auf der *Texte zur Kunst*-Website veröffentlicht worden war, bekam ich nur dreißig Likes. Nutzt man das soziale Medium nur für Eigenwerbung, etwa für eigene Texte oder Vorträge, wird man mit noch weniger Likes richtiggehend abgestraft, aber sobald man etwas (scheinbar) Intimes von sich preisgibt, hagelt es Likes. Es scheint deshalb nicht zu weit hergeholt, Facebook als eine digitale Version jener Biomacht zu charakterisieren, die es auf den Rohstoff Leben abgesehen hat. Je lebensnaher die Einträge scheinen, desto mehr positive Rückmeldungen erhalten sie von den sogenannten Freunden. Jedes Selfie, selbst Urlaubs- und Essensfotos werden positiver gewürdigt als die Ankündigung einer kommenden Publikation. Den Popularitätsvogel schießen dabei Kinderfotos, speziell Aufnahmen von Neugeborenen ab. Diese Darstellungen von buchstäblich neuem Leben werden regelmäßig mit Begeisterungsstürmen quittiert. Aber auch bei Todesmitteilungen kann man sicher sein, sehr viel Anteilnahme zu bekommen, denn der Tod gehört ja zum Leben dazu. Oft wird die Statusmeldung für die Angabe des momentanen Standorts genutzt, wobei hierfür die bloße Nennung der Stadt ausreicht. Mit einer solchen Demonstration von Mobilität kann sich die ebenfalls mobile Facebook-Gemeinde identifizieren, weshalb Städtenamen oft geliked werden. Viel Lob ernten darüber hinaus massiv gefilterte und „gephotoshoppte" Selfies. Auch wenn die Person kaum wiederzuerkennen ist, werden doch die Anstrengungen honoriert, die sie auf das mediale Selbstbild verwendet hat. Es geht bei Facebook nicht um die Darstellung eines möglichst authentisch anmutenden Lebens, sondern um sichtbare, als solche gekennzeichnete Inszenierungen, die eine Verankerung im „wahren Leben" suggerieren.

85.
ÉLUARDS KUNSTVERKÄUFE

Die Briefe von Paul Éluard an seine Ex-Frau Gala sind ausgesprochen aufschlussreich. Zunächst einmal kann man hier einen Dichter dabei beobachten, wie er ganz im Sinne des surrealistischen Ideals der Amour Fou die Abwesende, die damals längst mit Salvador Dalí zusammenlebte, über Jahrzehnte hinweg zum Objekt seiner sexuellen Projektionen erklärt. Je unerreichbarer sie in seinem Leben wurde, desto mehr verklärte er sie und schwor ihr ewige Liebe. Allerdings wurde in diesen Briefen auch Literaturpolitik gemacht, indem Essays und Zeichnungen von Dalí bei Gala für diverse Publikationen angefragt wurden. Außerdem berichtet Éluard seiner angebeteten Gala von den Pariser Intrigen, wie um sie trotz Abwesenheit in sein Sozialleben einzubinden. Frappierenderweise ist in so gut wie jedem Brief von Kunstverkäufen die Rede. Éluard hat sein Dichterleben offenbar durch Kunsthandel finanziert, denn er verkaufte die Bilder seiner surrealistischen Kollegen. Entsprechend werden in den Briefen konkrete Summen genannt, die erzielt wurden oder noch in Aussicht standen. Oft ist die Rede von Objekten, die ausfindig gemacht oder verschickt werden müssten, was ihre Transaktionen anschaulich macht. Beinahe brüderlich teilte Éluard die Einkünfte aus seinen kunsthändlerischen Tätigkeiten mit Gala, die ihm ihrerseits auch hin und wieder Geld zukommen ließ. Von der gemeinsamen Tochter Cécile ist erstaunlicherweise nur am Rande die Rede, so als hätte sie im Leben dieser beiden Liebenden keine zentrale Rolle gespielt. Dass die Poesie von Paul Éluard nur auf der materiellen Basis seiner Tätigkeit als Kunstagent möglich war, hat sich mir erst durch die Lektüre dieser Briefe offenbart. In ihnen deutet nichts auf Kritik an seiner merkantilen Tätigkeiten hin, es wurde – im Gegenteil – damals in seinem Umfeld wohl als Selbstverständlichkeit erachtet, dass sich der arme Dichter mit Kunstverkäufen über Wasser halten musste.

86.
WAHLEN IN BERLIN

Das Wahlergebnis, speziell der Wahlerfolg der AfD, ist ausgesprochen niederschmetternd und erschütternd. Es fällt mir schwer, zu realisieren, dass eine Partei, die rassistisches und völkisches Denken zu ihrem Programm erklärt, nicht allein in Mecklenburg-Vorpommern, sondern auch in Berlin inzwischen hohe Zustimmung erfährt. Den anderen Parteien gelingt es offenkundig nicht mehr, die Bedürfnisse der vielbeschworenen Wutbürger*innen zu integrieren. Es wird oft gesagt, dass die sogenannten Volksparteien jetzt die Quittung für ihre neoliberale Politik bekämen, für ihre Bereitschaft, die ökonomischen „Sachzwänge“ regieren zu lassen. Ich denke jedoch, es führt zu nichts, die Politik abstrakt zur Verantwortung zu ziehen, sie ist schließlich auch nur Gefangene einer Struktur des globalen Kapitalismus. In den politischen Debatten im Anschluss an die Wahl wurde von den Politiker*innen der abgewählten großen Koalition immer wieder auf den (angeblichen) Berlin-Boom verwiesen: Es würde dieser Stadt viel besser gehen als noch vor fünf Jahren. Ich glaube, dass dies eine Sicht durch die Investorenbrille ist, die naturgemäß all jene erbost, die in den ärmeren Vierteln, etwa in Marzahn, leben und von einem „Boom“ nichts spüren, ganz im Gegenteil, sie sehen keine Aufstiegsmöglichkeiten für sich. Die Rede vom „Boom“ kann ihnen nur zynisch vorkommen. Statt ein klares antirassistisches Profil zu entwickeln, haben zahlreiche Politiker*innen zudem in letzter Zeit immer wieder betont, wie nützlich die Geflüchteten für unsere Wirtschaft seien. Einmal abgesehen von dem unangenehm nationalistischen Zuschnitt dieses Arguments, verrät es ein instrumentell-ökonomistisches Denken. Die Geflüchteten werden unter der Hand zu den anderen erklärt, die nur geduldet werden und bleiben dürfen, weil sie „unsere“ Wirtschaft voranbringen. Beim Nachdenken über die aktuelle Situation habe ich mich auch gefragt, inwieweit Kulturarbeiter*innen wie ich selbst die derzeitigen Polarisierungen (zwischen Stadt und Land, gebildet und bildungsfern, eigenem und anderen) womöglich ungewollt vorangetrieben haben. So mutet die Kunstszene in Berlin trotz Diversity-Postulat immer noch ausgesprochen homogen an, sowohl in puncto Hautfarbe als auch in puncto Klasse. Für eine Kunsthochschule wie die Städelschule gilt ebenfalls, dass sich zwar ihre Professorenschaft und Studierenden in den letzten Jahren durchaus diversifiziert haben, dafür aber ist der Anteil an Studierenden mit Arbeiterklassehintergrund seit den 1990er Jahren nach meiner Beobachtung deutlich zurückgegangen. Personell gesehen ist das Marktsegment des Kunstbetriebs – also jene Sphäre zwischen Auktionen und Kunstmessen – ohnehin eher den vielbeschworenen „One-Percent“ zuzurechnen: ein Milieu der Wohlhabenden und Privilegierten, das in den letzten Jahren verstärkt mit der Welt der Celebrities und Superreichen assoziiert wird.

87.
DIE KLEIDER MEINER MUTTER

Heute schickt mir mein Bruder Georg schöne Fotos von Kleidern, Tüchern, Gürteln und Schuhen, die er gemeinsam mit seiner Freundin Ursula in der sogenannten Abseite des Hauses meiner Mutter gefunden hat. Bevor sie diese Sachen verschenken würden, wollten sie sie uns, den Schwestern, gezeigt und angeboten haben. Für die Fotos haben sie alles auf Kleiderbügel gehängt, sodass es möglich wird, den Körper meiner Mutter hinein zu imaginieren. Es sind einige Kleider aus den 1970er Jahren dabei, die in mir sogleich Erinnerungsbilder an meine elegant gekleidete Mutter aufsteigen lassen. Ich sehe sie in diesem lila-rot gemusterten Hemdenblusenkleid vor mir, das sie am Tag der Scheidung trug, als sie zurück nach Hause kam. Obwohl sie mir damals verschwieg, was passiert war, ahnte ich doch aufgrund ihrer imposanten Erscheinung, dass es etwas existenziell Bedeutsames gewesen sein musste. Nun wird dieses Kleid nie wieder mit seiner ursprünglichen Trägerin in Berührung kommen. Selbst wenn meine Mutter noch lebte, würde sie in einen Großteil dieser Kleider gar nicht mehr hineinpassen. Es treibt mir die Tränen in die Augen, diese wunderbaren Fotos anzusehen, es ist, als schwebe meine Mutter mir noch einmal davon, grußlos, ohne Abschied, ohne letzte Worte, ohne mir die Chance zu geben, mein ja nicht ganz einfaches Verhältnis zu ihr zu klären. Während sie dem Leben entkam, bleiben uns jetzt nur diese alten Kleider, die ihren Körper unmittelbar umfingen und auch von diesen Kleidern müssen wir uns nun, im Zuge der Entrümpelung des Hauses, trennen. Ich bin froh, diesem Prozess nicht unmittelbar beizuwohnen, schon die bloße Vorstellung daran nimmt mich stark mit. Gestern, beim Überqueren des Ku'damms, überkam mich plötzlich der Gedanke, dass ich nun *elternlos* bin, ich habe keine Eltern mehr. Als „Herkunftsfamilie" bleiben mir jetzt nur meine Geschwister und der Zusammenhalt zwischen uns ist mir nun wichtiger denn je. Im Buch von Wendy Brown steht, dass es angesichts zunehmender Unsicherheiten und eines gestiegenen ökonomischen Drucks oft die Herkunftsfamilie sei, die die letzte Zuflucht biete. Steht man dann also ohne Zuflucht da, wenn sich ein Großteil der Herkunftsfamilie durch den Tod der Eltern aufgelöst hat?

88.
GEFÜHLSAUSBRÜCHE DURCH KLASSISCHE MUSIK

Ich wusste vorher, dass dieser Abend mit Schubert-Liedern in der Philharmonie für mich nicht einfach werden würde. Im Programmheft war ein Stück namens *Am Tage aller Seelen* angekündigt, was in mir die schlimmsten Befürchtungen aufsteigen ließ. Und es kam, wie es kommen musste, schon der erste Takt der Musik riss mich in einen tiefen Schmerz über den Verlust meiner Mutter, gegen den nicht anzukommen war, er überwältigte mich geradezu wie ein inneres Beben. Es war, als greife die Musik aus dem Jenseits auf mich zu, um mich die Abwesenheit meiner Mutter in ihrer emotionalen Dimension fühlen zu lassen. Ein Ruck, der die Tiefe meines Schmerzes unmittelbar veranschaulichte, ging durch meinen Körper, ich wurde geradezu von Schmerz geschüttelt. Allein die klassische Musik lässt mich meine Trauer derart stark spüren, weil sie mit der Figur meiner Mutter unmittelbar assoziiert ist, mit ihrem Klavierspiel, ihrem Gesang, ihren Konzertbesuchen und ihrer Liebe zu Schubert. Meine Mutter hat die klassische Musik in mein Leben gebracht, oft haben wir zusammen Schuberts *An Sylvia* gehört, eines seiner schönsten Lieder, das ich mir jetzt in meiner Wohnung als Trauerarbeit unausgesetzt vorspiele und nachsinge. Ich frage mich aber trotzdem, was ausgerechnet die klassische Musik dazu befähigt, Emotionen derart unmittelbar freizulegen und einen Schmerz zu produzieren, der mich buchstäblich zerreißt? Womöglich liegt es daran, dass Musik Gefühle vermitteln kann, die in ihr als eine Art indexikalischer Rest mitschwingen. Bei der Betrachtung von Bildern oder Skulpturen ist mir ein vergleichbarer Gefühlsausbruch jedenfalls nur selten passiert. Während ich in der Philharmonie sitzend krampfhaft darum bemüht war, nicht in heftiges Schluchzen auszubrechen – was in diesem Raum, wo jedes Räuspern stört – natürlich gar nicht geht, fragte ich mich zudem, ob wirklich davon auszugehen ist, wie in dem Schubert-Lied *Am Tage aller Seelen* suggeriert, dass die toten Seelen in Frieden ruhen. Was meine Mutter betrifft, bin ich mir diesbezüglich zwar einigermaßen sicher, ich spüre förmlich, dass es ihr gut geht, aber für meinen verstorbenen Vater befürchte ich eher, dass er weiterleidet und sich mit Vorwürfen quält, jedenfalls solange dieser elende Pflichtteilsprozess gegen unsere Stiefmutter andauert. Am Tag vor dem Konzert hatte mich ein Foto der Steinmetzin vom Grabstein für meine Mutter erreicht. Die Existenz dieses Steins schien ihren Tod offiziell zu besiegeln, unter diesem Stein wird sie jetzt begraben liegen und nie wieder zum Vorschein kommen. Ihr Grab ist jetzt faktisch geschlossen und ihr Name auf diesem Stein der Beleg dafür, dass sich ihr Körper oder das, was von diesem Körper übriggeblieben ist, unter ihm befindet. Auch diese Vorstellung zieht mich in eine grenzenlose Traurigkeit hinein, die keinen Trost kennt.

89.
EIN VORTRAG VON JEFF KOONS

Der Vortrag von Jeff Koons in den Kunst-Werken Berlin war eigentlich wie immer, er benutzte die für ihn typischen Formeln wie „trust" oder „believe in yourself", die dem Individuum alles zutrauen und die Macht gesellschaftlicher Strukturen unterschätzen wollen. Dabei zeigte er eine kleine Auswahl aus seinem Werk, das mir inzwischen recht vertraut ist. Der Abend war aber in vielerlei Hinsicht aufschlussreich, zunächst einmal in kunstsoziologischer Perspektive: Man konnte mit eigenen Augen sehen, dass sich in Berlin in den letzten zehn Jahren eine Art VIP-Szene in der Kunstwelt herausgebildet hat. Schon die in der Auguststraße geparkten Limousinen mit wartenden Chauffeuren, aber auch das Publikum selbst bezeugten diese Entwicklung: Gut betuchtes Bürgertum, teuer gekleidete Sammler*innen, B-Celebrities sowie ein paar Kritiker*innen (wie ich selbst) und Journalist*innen. Ein Milieu, das in dem Ruf steht, offen und zugänglich zu sein und sich in Wahrheit verschließt. Für dieses problematische Bemühen um Abschottung sprach vor allem, dass die Veranstaltung nicht öffentlich angekündigt worden war, sondern nur geladenen Gästen vorbehalten blieb. Räumlich gesehen zeigten sich die Kunst-Werke wie immer unwirtlich, in der großen Halle im Erdgeschoss, umgewandelt in einen Vortragssaal, war es kalt. Die letzten Stuhlreihen wiesen leere Plätze auf, wie um die nachlassende Popularität von Jeff Koons zu illustrieren. Er selbst schien mehrere Coachings gemacht zu haben, denn er redete frei und bewegte sich auf der Bühne wie Steve Jobs bei der Vorstellung seines neuen iPhones. Dass er hier seine Kunst präsentierte, war seinem Auftritt nicht anzumerken, er hätte ebenso jedes andere Produkt anpreisen können. Dadurch, dass er nur auf einzelne Arbeiten einging, die er aus ihren Serien herausgriff, trat der serielle Charakter seines Verfahrens in den Hintergrund. Koons produziert ja grundsätzlich unter einer entsprechenden Überschrift stehende Serien, die von flankierenden Maßnahmen (wie Anzeigenkampagnen) strategisch begleitet werden. Über seine Ehe mit Cicciolina, die künstlerische Zusammenarbeit, die Trennung und den Sorgerechtsstreit verlor er vorhersehbarerweise kein Wort, als hätte es sie niemals in seinem Leben gegeben. Dafür projizierte er das Bild einer gleichsam für sich sprechenden Büste an die Wand, die die beiden im Kuss innig miteinander vereint zeigte. So sehr Cicciolinas Beitrag zu seiner Arbeit auch unterschlagen wurde, blieb ihre Bedeutung doch in dieser Büste festgehalten. Dass sein Spätwerk im Vergleich zu den wichtigen Arbeiten der 1980er Jahre ein wenig abfällt (ich denke hier an die großartigen Arbeiten der *Banality*-Serie) wurde ebenfalls deutlich. Aus seinen neuen *Gazing Ball Paintings* spricht zum Beispiel eine grenzenlose (und beinahe naiv zu nennende) Begeisterung für die „Meisterwerke" der Kunstgeschichte, die von Assistent*innen akribisch abgemalt und mit einem *Gazing Ball Objekt* aus Spiegelmaterial versehen werden, das die Betrachter*innen unmittelbar reflektiert und dadurch einfängt. Den kanonisierten Werken (von ausschließlich männlichen Künstlern) wird in diesen Bildern auf denkbar unkritische und devote Weise begegnet. In psychologischer Hinsicht interessant war am Ende der Veranstaltung jedoch, wie Koons auf die schroffen Fragen des Publikums reagierte, dessen Aggressivität für einen Amerikaner recht ungewohnt gewesen sein muss. Ein Zuhörer wollte wissen, wie er mit der großen Ablehnung der Presse umgehe, ein anderer monierte, dass er die Cicciolina-Episode übergangen habe und dies, obwohl die aus der Zusammenarbeit mit ihr resultierende Serie *Made in Heaven* (auch aufgrund ihres pornografischen Charakters) immer noch sehr erfolgreich sei. Koons blieb jedoch auf Kurs, ging auf die Anwürfe im Detail gar nicht ein, sprach weiterhin in missionarischer Manier von „acceptance" und der Notwendigkeit, sich selbst zu akzeptieren. Gleichwohl war zu spüren, wie ihn diese harsche Kritik erschütterte und ein wenig aus der Fassung brachte. Er erzählte von seiner ersten Begegnung mit der Kunstgeschichte als junger Student und bemerkte, diesen Moment, im Unterschied zu vielen anderen Künstler*innen, „überlebt" zu haben. Es wurde deutlich, dass er sich im Grunde genommen immer noch für einen aus dem Kanon ausgeschlossenen „Outsider"-Artist hält, weshalb er Künstler wie Dalí – der unter seriösen Kunsthistorikern kaum Anhänger hat, zu Unrecht, wie ich meine – zu seinem Vorbild erklärte. Womöglich ist diese Annahme eines prinzipiellen Ausgeschlossenseins die Triebfeder von Koons und er greift deshalb in seiner Arbeit verstärkt auf Kanonisiertes (wie Gustave Courbet oder Pablo Picasso) zurück, so als wolle er die eigene Kanonisierung (die ja in Wahrheit längst erfolgt ist) vorantreiben. Dass sich Künstler*-innen mit zunehmendem Alter immer kritikloser auf die Heroen der Kunstgeschichte beziehen, ist ein durchaus verbreitetes Phänomen und dass die Auseinandersetzung mit der Vergangenheit mit der Zeit immer wichtiger wird, beobachte ich auch in meiner eigenen Arbeit. Dennoch bleibt die bloße Reproduktion des bereits Kanonisierten bei Koons eine überraschend traditionelle Geste, die im auffälligen Kontrast zu den forschen Setzungen in seinem Frühwerk steht.

90.
EIN GEFÄHRT AUF DER STRASSE

Der Blick aus dem Fenster bot gestern ein trostloses, aber auch irgendwie surreales Bild. Ein eigentümliches Gefährt bewegte sich wie von selbst die Straße entlang und in der Dunkelheit war kaum zu erkennen, dass ein Obdachloser sich mit dieser Konstruktion abmühte. Sie bestand aus zwei ineinander verkeilten Einkaufswagen, die eine Art Mega-Karre bildeten. Da es stark regnete, hatte der obdachlose Mann eine große Plane über beide mit Tüten beladene Wagen gespannt. Er verschwand nahezu unter diesem Zelt, man sah nur seine Beine, die versuchten, dieses instabile Gefährt die Prenzlauer Allee hochzuschieben. Besonders frappierend war, dass er dafür die Straße benutzte, sich also wie ein Autofahrer verhielt und die anderen Autos ihn überholten. Inmitten des „normalen" Straßenverkehrs wurde er mit seinem Gefährt zum Zeichen für bittere Armut und Wohnungslosigkeit, für ein Leben ohne Schutz. Dass ein Obdachloser den widrigsten Verhältnissen unmittelbar ausgeliefert ist, schien der starke Regen noch zu illustrieren. Natürlich hielt kein Autofahrer an, um etwa Unterstützung anzubieten, dabei schwankten die beiden vollgepackten Karren bedrohlich hin und her und hätten jederzeit umstürzen können. Am Beispiel dieses Gefährts neben den Automobilen könnte man aufzeigen, wie in dieser Stadt Saturiertheit und Armut immer noch selbstverständlich nebeneinander existieren. Mehr noch: Die vorbeifahrenden Autofahrer*innen sind symptomatisch für die Gewöhnung der Menschen an den Anblick von krasser Armut und Wohnungslosigkeit inmitten von Wohlstand.

91.
SKYPEN

Die Nutzung von Skype für Interviews erschwert das Zustandekommen eines wirklichen Dialogs oder macht ihn sogar unmöglich. Ständig hat man mit den verzögerten Reaktionen und Antworten seines Gegenübers zu kämpfen, sodass man nicht mehr unmittelbar reagieren, geschweige denn in den Redefluss des anderen einhaken kann. Der/die Gesprächspartner*in ist längst woanders, hat also weitergesprochen, während man selbst noch auf ihr eingefroren-angehaltenes Gesicht auf dem Bildschirm starrt. Es kommt auch vor, dass die Stimme der/des Gesprächspartner*in während ihres Redeflusses vollständig wegbricht, weshalb man sich ihre/seine fehlenden Worte ausmalen muss, statt sie beantworten zu können. Auch nonverbale Reaktionen auf die Worte des Gegenübers, in Form von Blicken und Gesten, sind nur eingeschränkt möglich. Ein wirklicher Austausch kommt per Skype aus all diesen Gründen kaum zustande, oft laufen die Gespräche auf ein unverbundenes Nebeneinander von zwei Monologen hinaus. Man könnte sagen, Skype befördert ein Verständnis von einem Interview, das es als bloßes Abfragen seines Gegenübers begreift. Kontroversen können im Rahmen dieses Formats nicht zuletzt deshalb kaum entstehen, weil es den dafür nötigen, schnellen Schlagabtausch erschwert. Indem Skype auf diese Weise dafür sorgt, dass Konflikte gar nicht erst aufkommen, passt es gut zu einem als „Netzwerk" imaginierten Sozialen, das von seinen Verfechter*innen häufig als eine konfliktfreie, hierarchielose und von Machtverhältnissen bereinigte Zone imaginiert wird. Die es in Wahrheit natürlich nicht ist.

92.
ENTRÜMPELUNG

Heute wird das Haus meiner Mutter entrümpelt. Ich selbst hatte den Vorschlag gemacht, dass wir zuerst die persönlichen Dinge, an denen wir hängen oder die wir gebrauchen können, heraussuchen, um dann den Rest von einer Entrümpelungsfirma erledigen zu lassen. Da niemand von uns diese Arbeit machen kann und will, scheint dieser Weg der pragmatischste und gangbarste zu sein, zumal wir ja alle in einer anderen Stadt leben. Das Wort „Entrümpelung" allein ist allerdings ziemlich unschön, es verweist auf die diesem Prozess inhärente brutale Dimension, denn die Dinge, die jetzt weggeschafft und entsorgt werden, Dinge, die meiner Mutter gehörten und mit denen sie lebte, werden fortan als „Gerümpel" betrachtet und gleichsam im Hau-Ruck-Verfahren aus dem Haus geschafft. Jeglicher Wert, ob affektiv oder symbolisch, wird ihnen abgesprochen, da Gerümpel schon dem Namen nach per se wertlos ist und auf den Sperrmüll gehört. Von einer sachgemäßen, sensiblen Form des Umgangs ist bei einer solchen Entrümpelung jedenfalls nicht auszugehen. Sich diesen Vorgang auszumalen, scheint mir jetzt beinahe schlimmer als ihm beizuwohnen. Wobei mein Bruder, der vor Ort ist, mir eben schrieb, dass es sich schon komisch anfühle, bei diesem Entrümpelungsvorgang dabei zu sein. Er wird jetzt zum Zeugen einer zupackenden Entsorgung des Lebens seiner verstorbenen Mutter. Ihre Lebenswirklichkeit ist inzwischen brutal in Einzelteile zerlegt und abtransportiert worden. Ich überlege, ob ich mir das leergeräumte Haus noch einmal ansehen sollte, bevor es an den Käufer übergeht. Es wäre die letzte Gelegenheit, dieses Haus, dem ich ja ausgesprochen ambivalent gegenüberstehe, noch einmal zu betreten. Zwar habe ich mich nie wohl in ihm gefühlt und längere Aufenthalte in ihm vermieden, aber es hat unbewusst doch als eine Art negativer Fixpunkt für mein Selbstverständnis fungiert. Wenn es diesem Haus meiner Jugend nicht mehr zu entfliehen gilt, woher soll ich dann die Energie für mein Leben nehmen, eine Kraft, die sich rückblickend betrachtet vor allem aus einem starken Abgrenzungsbedürfnis speiste? Je mehr ich mich auf die Gestaltung meiner eigenen Lebenswirklichkeit konzentriere, desto deutlicher spüre ich ohnehin den Einfluss kindlicher Prägungen. Alles kommt zurück: die klassische Musik meiner Mutter, der Ordnungsfimmel meines Vaters, die Ferien an der Ostsee.

Und ausgerechnet in dem Moment, wo mich meine Kindheit einholt, wo meine Eltern also präsenter werden – auch durch meine Tochter, die meiner Mutter so sehr ähnelt – sind sie nicht mehr da, um diese Beobachtungen mit mir zu teilen.

93.
CROSSFIT-BOOTCAMP

Ein neuer Fitnesstrainer erscheint und kündigt an, dass heute eine Art Zirkeltraining auf dem Programm steht. Beiläufig lässt er Wörter der neuen Fitnessideologie wie CrossFit oder das extrem militaristisch klingende „Bootcamp" fallen. Er hat Stationen aufgebaut, die von allen Teilnehmer*innen durchlaufen werden sollen: Gewichte heben, Liegestütze machen oder aus der Hocke weit nach vorne springen. Bevor es losgeht, brummt er uns ein Warmup wie vom Gefängnishof auf. Alle rennen stumpf im Kreis, während er wie ein Offizier aufgrund der lauten Musik schwer verständliche Kommandos brüllt, bei eins soll hochgesprungen, bei zwei sollen Liegestütze mit abschließendem Hochsprung gemacht und bei drei abrupt die Laufrichtung gewechselt werden. Wir mutieren zu einer Mischung aus braven Soldaten und sanften Lämmern, die sich von ihm ihre Bewegungen diktieren lassen. Die Musik könnte man als prolligen Mainstream-Tekkno charakterisieren, während die geschrienen Kommandos an militärischen Drill erinnern. Ging es in früheren Fitnessformaten noch darum, die Kursteilnehmer*innen sanft zu korrigieren, macht dieser Trainer selbst mit und hält sich seinerseits fit, als wolle er uns zeigen, dass man jede Gelegenheit ergreifen müsse, um an seinem Körper zu arbeiten. Wer eines seiner Kommandos falsch ausgeführt hat, muss (zur Strafe) in die Mitte des Kreises und dort Extra-Liegestütze machen. Auch dieses Bestrafungsritual mit seiner Reminiszenz an die schwarze Pädagogik war lange Zeit aus den Sportkursen verbannt. Wie lässt sich die Rückkehr des guten alten Zirkeltrainings, noch dazu in dieser autoritär-militaristischen Variante, erklären? Warum hat CrossFit derzeit so viel Zulauf? Womöglich entspricht dieses „harte" Training den als härter empfundenen Zeiten mehr als der Achtsamkeitskult des Yoga? Angesichts von unerbittlichem Konkurrenzkampf und mangelnder Solidarität in der Gesellschaft ist der hier in Aussicht gestellte starke und muskulöse Körper wieder gefragt. Resultat dieses Trainings soll schließlich ein gestählter, jederzeit sprungbereiter Körper sein, den nichts aus der Bahn wirft. Dass es heute wieder Menschen gibt, die sich freiwillig einem brüllenden Offizierstrainer unterwerfen, ist ebenfalls erklärungsbedürftig. Ich konnte mich zu einer weiteren Teilnahme an diesem Kurs jedenfalls nicht durchringen. Drückt sich in der Popularität des Bootcamp-Formats die Sehnsucht nach eindeutigen Kommandos in einer Zeit aus, in der im Arbeitsleben eher das Gegenteil, also Eigeninitiative, Selbstbestimmung und Teamwork verlangt werden? Der brüllende Trainer, der einem das Umkehren befiehlt, könnte aus dieser Perspektive eine entlastende Funktion haben. Nicht wir müssen einmal mehr Entscheidungen treffen, sondern er trifft sie für uns, mit seiner Hilfe werden unsere Körper auf eine Weise trainiert, die uns das Leben in den derzeitigen ökonomischen Verhältnissen (scheinbar) erleichtert.

94.

UNPRODUKTIVE PRODUKTIVE ARBEITERINNEN

Karl Marx hat am Beispiel einer Sängerin aufgezeigt, dass dieselbe Arbeit, je nach Konstellation, produktiv oder unproduktiv, also Wert generierend oder keinen Wert generierend sein kann. Eine Sängerin, die nur für sich singe, sei eine unproduktive Arbeiterin. Aber in dem Moment, wo sie für einen Entrepreneur singe, der mit ihrem Gesang Geld verdiene, sei sie eine produktive Arbeiterin. Ergänzend wäre hier noch hinzuzufügen, dass es im heutigen Dienstleistungssektor entscheidend darauf ankommt, ob ein Service *nur* in Anspruch genommen und bezahlt oder ob von dieser Bezahlung ein Teil einbehalten wird. Ich denke hier an bestimmte Dienstleistungen wie Beauty

Treatments in einem Salon. Aus der Sicht der Kundin ist die Arbeit ihrer Kosmetikerin unproduktiv, sie hat für diese Arbeit bezahlt und im Gegenzug einen Service erhalten, es entsteht kein Mehrwert. Aus der Sicht der Kosmetikerin ist der Fall anders gelegen, sie ist nicht für ihre ganze Arbeit bezahlt worden, hat teilweise umsonst gearbeitet, was sich ihre Arbeitgeberin (die Besitzerin des Salons) als Mehrwert einstreicht. Jobs in der Beauty-Branche sind ja notorisch unterbezahlt. Die Kosmetikerin wird entsprechend gar keinen Hass auf ihre Kundin haben, aber (eventuell) auf die Besitzerin des Salons, die mit ihrer Arbeit schließlich Geld verdient, einen Teil des von ihr Erwirtschafteten einbehält. In Bezug auf diese Unternehmerin ist ihre Arbeit nach Marx produktive Arbeit, denn diese Unternehmerin erzielt einen Mehrwert mit ihrer Arbeit, der sich in Kapital verwandelt. In Bezug auf ihre Kundin ist ihre Arbeit hingegen unproduktive Arbeit, denn die Kundin verdient nichts an ihr. Oft entsteht deshalb eine eigentümliche Solidarität zwischen Kosmetiker*innen und ihren Kund*innen, da letztere erstere nicht direkt ausbeuten. Eben weil Kundin und Kosmetikerin nicht in einem direkten Ausbeutungsverhältnis zueinanderstehen, kann es vorkommen, dass sie gemeinsam die schlechten Arbeitsbedingungen des Salons erörtern, sein miserables Management, die hohe Fluktuation der Mitarbeiterinnen etc. Sie können wie Verbündete agieren, weil keine „produktive Arbeit" zwischen ihnen steht und dies, obwohl die eine den Service der anderen (nicht teuer genug natürlich) bezahlt hat.

95.
CAROLINE EMCKES PREISREDE

Der Erfolg von Carolines Rede in der Paulskirche zeigte sich bereits in den häufigen Unterbrechungen durch intensivem Applaus. Meines Erachtens beruhte diese positive Resonanz auf ihre Worte in erster Linie darauf, dass sie als Person extrem glaubwürdig und sehr einnehmend wirkte. Es war ihr gelungen, die derzeitige Rückkehr von Populismus, Rassismus, Sexismus und Homophobie nicht nur abstrakt zu verhandeln, sondern auf eine Ebene des individuellen Erlebens zu ziehen. Statt also die jüngsten gesellschaftlichen Entwicklungen mit Blick auf die sie bedingenden gesellschaftlichen Strukturen zu analysieren, erzählte sie von ihrer Familie, in der mehrere Staatsbürgerschaften der Regelfall gewesen seien, von ihrem eigenen homosexuellen Begehren, das sie lange Zeit für ihre Privatangelegenheit gehalten habe und von Freund*innen, die nicht auf ihre sexuelle Identität reduziert werden wollen. Es gelang ihr auf diese Weise überzeugend und nachvollziehbar ihre Botschaft „gegen den Hass" selbst zu vertreten. Ich fand zudem, dass sie einen ausgesprochen „coolen" Auftritt hinlegte, indem sie ihre Zugehörigkeit zu einer popkulturell sozialisierten Generation beiläufig klarstellte, etwa durch die zweifache Verwendung des Ausrufes „Wow!". Bei ihrem Auftritt ist mir aber auch ein Aspekt aufgefallen, den ich oft bei Linken (auch bei mir selbst) beobachtet habe: Ich meine den Hang, sich im Recht und überlegen zu wähnen. Man gewann bei ihrer Rede ein wenig den Eindruck, sie verorte sich einmal mehr auf der Seite der aufgeklärten, liberalen und identitätspolitisch geschulten Zivilgesellschaft, um sich umso vehementer von denjenigen abzugrenzen, die auf der anderen (falschen) Seite stehen. In ihrer Rede gab es eine Tendenz zur einfachen Polarisierung, wenn sie sich über die „bösen" anderen zu erheben schien, die nur ihre Ressentiments pflegen und die Menschen fälschlicherweise auf eine Differenz oder Essenz festschreiben. Zweifellos gibt es derzeit eine Zunahme an populistischen Hasspredigern und auch eine massive Rückkehr von biologistischen Ansichten, nur frage ich mich, ob man daran etwas ändert, wenn man deren Anhänger*innen im Ton der moralischen Überlegenheit maßregelt? Außerdem ist es ja keineswegs so, dass die Linke gänzlich frei von Ressentiments und Essenzialismus ist. Mehr Selbstreflexion und Selbstkritik hätten der Rede an dieser Stelle gutgetan, die streckenweise eine Tendenz zu jener Selbstgerechtigkeit aufwies, wie man sie unter Linken oft antrifft. Vielleicht war es auch der leicht pastorale Tonfall, der mich ein wenig befremdete. Man fühlte sich an eine protestantische Predigt erinnert, die die Gemeinde dazu bekehren will, mutiger zu sein und dem Hass entschlossener entgegenzutreten. Zwar ist sachlich nichts gegen einen solchen Aufruf einzuwenden, aber der Hass liegt in dieser Perspektive immer außerhalb, bei den anderen, „bösen“, während das „Gute“ der eigenen Position außer Frage zu stehen scheint.

96.
COACHING STATT THERAPIE

Das Buch von Miriam Meckel über ihren Burnout ist symptomatisch für die derzeitige Ausbreitung des Phänomens Coaching gegenüber traditionelleren Formen der Psychotherapie. In ihrer Darstellung erscheinen die von ihr durchlaufenen Therapieformen extrem effizienz- und ergebnisorientiert, wohingegen es bei der Psychotherapie ja gerade *nicht* um messbare Ergebnisse, sondern um eine (auch unangenehme) Arbeit an sich selbst geht. Psychotherapie ist mithin weit entfernt vom quick fix des Coachings, statt das Subjekt fit für den Kapitalismus zu machen, wird es in seinen Grundfesten erschüttert. In Meckels Buch gewinnt man hingegen den Eindruck, dass die ihr in der Klinik verordneten Therapien an ihrem Selbstverständnis und ihrem, ja man muss es so sagen, ausgeprägten Narzissmus, nicht wirklich rührten. Ihrer Beschreibung zufolge fühlte sie sich auch noch in der Klinik den anderen Patient*innen überlegen. Im therapeutischen Zusammenhang überrascht zudem, dass ihre Familiengeschichte nur am Rande erwähnt wird, als wären ihre Kindheitserlebnisse für den Zusammenbruch unwesentlich gewesen. Zwar geht es in einem Kapitel um den frühen Tod der Mutter, aber das Verhältnis zu ihr bleibt unscharf und wird auf eine Weise abgehandelt, die erstaunlich emotionslos wirkt, von der psychischen Komplexität einer Mutter-Tochter-Beziehung findet sich hier keine Spur. Auch Meckels Liebe zur prominenten Moderatorin Anne Will bleibt sorgsam ausgespart, als ob die Qualität einer Beziehung für den Zusammenbruch ebenfalls keine Rolle spielen würde. Statt also die eigenen

Beziehungsgeschichten aufzuarbeiten und festgefahrene Strukturen und Verhaltensweisen zu hinterfragen, fügt sich Meckel der in der Burnout-Klinik verordneten Kommunikationssperre und tagelanger Schweigepflicht. Dieses Nicht-mit-anderen-sprechen bedeutet jedoch in ihrem Fall nicht, dass sie sich intensiv mit sich selbst auseinandersetzte. So kommt es auch nicht zur Thematisierung der inneren und äußeren Zwänge, die ihr Verhalten prägen. Freud zufolge ist das Subjekt schließlich nicht Herr (oder Frau) im eigenen Haus. Es wird von einem Unbewussten gesteuert, das sich nicht kontrollieren lässt. Niemand ist folglich das kohärente und beherrschte Subjekt, als das Meckel sich in ihrem Buch inszeniert. Nach der Lektüre dieses letztlich doch an der Oberfläche bleibenden Burnout-Berichts habe ich kurz recherchiert, wie sie ihr Leben nach dem Klinikaufenthalt gestaltete. Aus der Distanz sieht es so aus, als hätte sie nicht etwa ihr Arbeitspensum drastisch verringert, sondern eher noch mehr Posten, noch mehr Verantwortung übernommen, denn inzwischen ist Meckel laut Internet nicht nur Professorin und Institutsleiterin in St. Gallen, was allein schon ein hohes Maß an administrativer Arbeit impliziert, sondern auch noch Chefredakteurin der *Wirtschaftswoche*, weshalb sie in drei Städten – St. Gallen, Düsseldorf und Berlin – lebt. Das ist ein extrem anstrengendes und schon aus der Ferne nach *Erschöpfung* klingendes Pendelpensum.

97.
BACK IN TRAVEMÜNDE

In den 1970er Jahren fuhr meine Mutter jedes Wochenende und in allen Schulferien mit uns Kindern (insgesamt drei) mit ihrem vollgepackten Auto von Hamburg nach Travemünde. Sie war faktisch alleinerziehend, weil mein Vater entweder Regatten segelte oder beruflich unterwegs war. Ich kann mich beim besten Willen nicht daran erinnern, dass er auch nur ein einziges Mal bei diesen Aufenthalten in Travemünde dabei gewesen wäre. Als ich jetzt dort mit meiner Tochter die mir so vertraute Strandpromenade entlang spazierte, fiel mir beim Anblick eines Segelbootes ein, wie ich meinen Vater als Kind häufig aus der Ferne auf seiner Yacht erspähte und parallel zum Boot den Strand entlang lief, um ihm bei der Einfahrt in den Passathafen zuwinken zu können. Jedes an mir vorbeiziehende Segelboot löst auch heute noch die alte Sehnsucht nach dem abwesenden, unerreichbaren und deshalb umso mehr geliebten Vaters aus. Je weiter entfernt er von mir war, desto mehr projizierte ich naturgemäß auf ihn. Nach Jahrzehnten habe ich auch unsere alte Ferienwohnung am Strandredder mit meiner Tochter aufgesucht. Sie befindet sich in einem mittlerweile recht muffig wirkenden Mehrfamilienhaus aus den 1960er Jahren, dessen Beengtheit mich erstaunte – ich hatte es sehr viel großzügiger in Erinnerung. Sowohl das Haus als auch der Garten kamen mir damals vor wie das Paradies auf Erden. Statt jedoch melancholisch den Verlust dieses verlorenen Paradieses zu betrauern, das mit dem Tod meiner Eltern unwiederbringlich verloren gegangen ist, stellte sich beim Wiederaufsuchen dieses Erinnerungsortes ein anderer Effekt ein. Es muss an der Gegenwart meiner Tochter gelegen haben, dass es mir möglich war, nicht nur dieses Haus, sondern ganz Travemünde in ein positives Licht zu tauchen. Denn erstens kann ich diesen Ort mit meiner Tochter jetzt anders besetzen, ihn mit neuen Ritualen füllen (wie Äpfel pflücken, mit der Fähre fahren, Steine sammeln), zweitens wurde mir bewusst, wie viel Arbeit diese Form der Feriengestaltung meiner Mutter gemacht haben muss. Sie kaufte ein, präparierte den Proviant für den Strand, räumte die Wohnung auf, bereitete Mahlzeiten zu etc. etc. Zum ersten Mal nahm ich dies nicht als gegeben hin, sondern war ihr rückblickend dankbar dafür. Meine Tochter machte mich zudem darauf aufmerksam, meine Kindheit sei dort in materieller Hinsicht sehr privilegiert gewesen, was sich in ihren Augen darin äußerte, dass wir im Unterschied zu ihr täglich Softeis oder Würstchen essen durften. Ich versuchte, ihr zu erklären, das Materielle zähle am Ende weniger als die emotionale Unterstützung, die man durch die Eltern erfährt. Meine Mutter ist in meiner Erinnerung mit drei kleinen Kindern und ohne die Hilfe ihres Mannes ziemlich überfordert gewesen, morgens lag sie oft lange deprimiert im Bett, während ich fürs Frühstück einkaufen ging, um nach außen hin den Schein eines geordneten Familienlebens zu wahren. Zugleich erinnere ich mich aber auch an ihre feste Entschlossenheit, sich mit ihrer dortigen Freundin zu amüsieren, etwa im Kasino. Sie war nicht nur zu überlastet, sondern auch zu sehr mit sich selbst beschäftigt, als dass sie sich für unser Befinden hätte interessieren können. Anders als die meisten Stadtkinder heute, waren wir stundenlang draußen und uns selbst überlassen, was wir als große Freiheit empfanden und genossen. Auch dieses Freiheitsgefühl kommt jetzt zurück und ich plane abenteuerliche Kletterpartien und Ausflüge mit meiner Tochter. Weil die Travemünder Vergangenheit jetzt von der Gegenwart belebt und anders eingefärbt wird, kann dieser Ort nun zu einem retrospektiv verklärten Sehnsuchtsort werden.

98.
DIE VORZÜGE DER WEITSICHTIGKEIT

Dass sich um die Fünfzig bei den meisten Menschen Weitsichtigkeit einstellt, hat einen geheimen Sinn. Bedingt durch die Sehschwäche zeigt der Blick in den Spiegel nämlich ein trügerisch faltenfreies Gesicht, das einen nicht unmittelbar mit der harschen Realität des Älterwerdens konfrontiert. Die Weitsichtigkeit hat so den Effekt eines Filters oder Weichzeichners, der ebene, glatte und weiche Züge dort suggeriert, wo sich in Wahrheit längst tiefe Falten oder sogar Furchen ins Gesicht eingegraben haben. Vor dem Spiegel begegnet man seinem früheren, gewohnten Selbstbild, was auch insofern angemessen erscheint, als man sich ja selbst, trotz der vergehenden Zeit, gar nicht viel anders fühlt. Es fällt leichter, sich mit diesem verschwommenen, aber vertrauten Bild seiner selbst zu identifizieren als die Zeichen der Zeit in sein Selbstbild und damit auch in sein Selbstverständnis zu integrieren. Weitsichtigkeit garantiert somit ein gewisses Maß an Stabilität bei der Selbstwahrnehmung. Es fällt ohnehin schwer, die sich in den Gesichtszügen niedergeschlagenen Sorgen und Enttäuschungen des Lebens zu akzeptieren. Der Anblick der ersten Anzeichen des eigenen Verfalls, manifestiert in einer Zornesfalte oder in einem bitteren Zug um den Mund, kann ein wenig verstörend wirken – und genau davor schützt die Weitsichtigkeit. Sie erlaubt es einem, über Jahre hinweg ein kohärentes Selbstbild zu bewahren, das über alle faktischen, zeitlichen und körperlichen Veränderungen hinweggeht.

99.
DONALD TRUMP ALS PRÄSIDENT

Heute Morgen, als das Ergebnis feststand, musste ich den Freund*innen, denen ich es per SMS sogleich mitgeteilt hatte, immer wieder versichern, dass es *kein* Witz ist. Ähnlich war die Situation im Netz, wo sich in den Nachrichtenforen nach der direkten Bekanntgabe des Wahlergebnisses der Zusatz fand, dass es sich hier *nicht* um Satire handele. Offenkundig kann kaum jemand glauben, ein derart sexistischer und offen rassistischer wie unberechenbarer und aggressiver Immobilienspekulant sei jetzt Präsident der Vereinigten Staaten von Amerika geworden. Selbst seine Unterstützer*innen und auch das Trump-Team selbst hatten damit wohl nicht gerechnet. Vielleicht tritt der Erfolg von prä-totalitären Bewegungen immer vollständig unerwartet ein und mutet zunächst wie eine Farce an? Ähnlich war es beim Brexit gewesen, wo man sich am Tag nach dem Referendum ebenfalls die Augen rieb. Weder in den Medien noch im Kreise mit mir befreundeter Engländer*innen ging man davon aus, dass für *leave* gestimmt werden würde. In den Tagen zuvor hatte man sich vielmehr in der trügerischen Sicherheit gewähnt, das Undenkbare werde schon nicht eintreten. Anders als der Brexit ist Trumps Sieg jedoch keine schlechte Nachricht für die Wirtschaft, obwohl der Hass auf das Establishment in beiden Fällen eine der Triebfedern für das Ergebnis der Abstimmung gewesen ist. Doch während der Brexit das englische Pfund sogleich schwächte und jetzt die kosmopolitischen Eliten wie Ärzte, Banker, Museumsleute etc. aus dem Land treibt, gewährt Trump den Reichen Steuererleichterungen, was sich positiv auf die US-amerikanische Wirtschaft niederschlägt. Während sich der Brexit nicht gut mit dem Neoliberalismus verträgt, ist Trump Wasser auf dessen Mühlen. In beiden Fällen haben Teile der radikalen Linken jedoch eine Haltung an den Tag gelegt, die mir problematisch zu sein scheint. Zwar kann ich es durchaus nachvollziehen, wenn sich Linke schwer damit tun, für *remain*, und damit eben auch für die fragwürdige europäische Austeritätspolitik zu stimmen und auch, dass sie die neoliberale Politik einer Hillary Clinton nicht vorbehaltlos unterstützen möchten, ist verständlich. Dennoch hat sich diese Haltung, von der jetzt T. J. Clarks Verteidigung seines *leave*-Votums in England oder Slavoj Žižeks Beschreibung der Trump-Wahl als willkommene Apokalypse zeugen, als fatal erwiesen. Vor die Wahl zwischen einem Quasi-Faschisten wie Trump und einer mit der Corporate Elite paktierenden liberalen Politikerin wie Clinton gestellt, muss man natürlich Clinton den Vorzug geben, auch aus einer genderpolitischen Sicht – denn als erste weibliche Präsidentin hätte sie für gender equality im Kongress und für fünfzig Prozent weiblicher Abgeordneter gesorgt. Die überzogene Häme gegen sie war meines Erachtens auch von misogynen Reflexen auf den drohenden Verlust männlicher Privilegien gekennzeichnet, der mit allen Mitteln abgewendet werden musste, selbst wenn das Mittel dagegen Trump heißt.

100.
KINDLE VERSUS BUCH

Seit einigen Monaten probiere ich das Lesen von Belletristik auf meinem Kindle nicht zuletzt deshalb aus, weil ich das Schleppen von schweren Büchern auf Reisen einfach satthabe. Zuerst fand ich es befreiend, nur noch mein kleines Gerät dabei zu haben, mit dem ich mir auch gleich Nachschub bestellen kann, falls das benötigte Buch als E-Book verfügbar ist, was leider nur selten vorkommt. Wenn man seit Jahrzehnten wie ich mit gedruckten Büchern arbeitet, stellt der Kindle jedoch ein Problem dar. Bei meinem Selbstversuch hat es sich jedenfalls gezeigt, dass die Lektüre auf diesem Gerät irgendwie nicht im Kopf hängen bleibt, so als hätte ich das Geschriebene nur eingesogen, aber nicht wirklich verinnerlicht oder verarbeitet. Daran ändert auch die im Kindle gegebene Möglichkeit nichts, Wichtiges zu unterstreichen – ich bin einfach so konditioniert, mir einzelne Sätze oder Passagen nur mit Blick auf den Ort auf der Seite, wo sie im gedruckten Buch stehen, merken zu können. Auch dessen Einband, Kapitelaufteilung und Grafik tragen wesentlich zu meiner Einschätzung seines Inhalts bei. Lese ich hingegen ein Buch auf dem Kindle, verliere ich leicht den Überblick und kann ihm deshalb nicht mit derselben textuellen Routine begegnen. Das Gelesene fließt nicht in meinen dafür vorgesehenen Speicher ein, sondern verflüchtigt sich im digitalen Raum – ich kann mich nicht wirklich darauf beziehen oder gar Passagen daraus zitieren. Womöglich ist es nur eine Frage der Gewohnheit und ich müsste einfach mehr Bereitschaft zeigen, mich von eingefahrenen Textbearbeitungsroutinen und liebgewonnenen Lesegewohnheiten zu verabschieden. Als störend empfinde ich zudem, dass mich der Blick auf den Screen vor dem Einschlafen nervös macht – der beruhigend-einschläfernde Effekt, welcher sich beim Blättern durch die Seiten eines gedruckten Buches einstellt, bleibt aus. Es fühlt sich eher so an, als würde ich im Bett liegend immer noch an meinem Schreibtisch vor dem Computer sitzen, nur dass sich mir das Gelesene einfach nicht einprägen will.

101.
DIE NETZWERKMETAPHER

Die aktuelle Beliebtheit des Begriffs „Netzwerk“ als Metapher für das Soziale hängt meines Erachtens vor allem damit zusammen, dass er Hierarchien, Machtverhältnisse und Konflikte auszublenden erlaubt. Die Rede vom „Netzwerk“ suggeriert nämlich dort eine reibungslose

Konnektivität, wo in Wahrheit Ungleichheiten und Spannungen regieren. Als Bild für das Soziale ist das Netz deshalb denkbar ungeeignet. Die Attraktion der Netzmetapher besteht jedoch darüber hinaus darin, dass sie fließende Übergänge – etwa zwischen Subjekten und Objekten – zu denken erlaubt. Erst auf der Basis einer als „Netzwerk" imaginierten Gesellschaft kann Bruno Latour Objekte zu Handelnden, zu Mischwesen aus Objekten und Subjekten, zu „Aktanten" erklären. In einer netzförmigen Gesellschaft ist nichts mehr eindeutig abgrenzbar, weshalb Objekte hier subjekthaft werden können. In einem solchen Netz der fließenden Übergänge ist allerdings auch die Kritik überflüssig geworden, weshalb sie bei Latour einen schweren Stand hat, denn für die Kritik sind Unterscheidung und Abgrenzung wesentlich, die im Rahmen eines Netzes obsolet werden. Wenn man also an einem bestimmten Begriff von Kritik (samt der Notwendigkeit zur Differenzierung) festhalten möchte, kann man die Gesellschaft nicht gleichzeitig als Netzwerk beschreiben.

102.
DOUGLAS CRIMP: *BEFORE PICTURES*

Dieses Buch ist Arbeitsbiografie, Kritik der Kunstkritik und Rückblick auf das sexuell promiskuitive New York der 1970er- und 1980er Jahre zugleich. Crimp zitiert in ihm lange Passagen aus eigenen kunstkritischen Texten, was zuweilen etwas schwergängig wirkt. Interessanter wird es hingegen, wenn er seine früheren Positionen mit rückblickenden Ergänzungen und Korrekturen versieht. Es geht ihm offenkundig nicht darum, seinen Kunst- und Kritikbegriff grundlegend zu erläutern, sondern seine früheren Stellungnahmen punktuell einer retrospektiven Überprüfung zu unterziehen. Autobiografisches wie sein familiärer Hintergrund oder seine sexuellen Beziehungen wird hingegen nur angedeutet und nicht ausführlich behandelt. Dafür werden die einzelnen Stationen seiner intellektuellen Biografie herausgearbeitet, etwa die große Bedeutung, die der Tanz, genauer das klassische Ballett, für die Herausbildung seiner ästhetischen Vorlieben besaß. Anders als Patty Smith, die mit *Just Kids* eine Art Sozialgeschichte des New Yorker Undergrounds vorgelegt hat, liegt der Fokus bei Crimp auf seinen früheren kunstkritischen Texten, die er kommentiert und gelegentlich auch widerlegt. Besonders aufschlussreich ist dieses Buch, wenn in ihm die besonderen Umstände der von Crimp kuratierten legendären *Pictures*-Ausstellung darlegt werden, obgleich das Anliegen der Ausstellung nicht deutlich wird. Crimp ist sichtlich darum bemüht, die damaligen Auslassungen, etwa die Arbeiten von Cindy Sherman, wieder gutzumachen, indem er ausführlich über ihre Arbeiten referiert. Auch wird Richard Prince auf unterhaltsame Weise von ihm in die Schranken verwiesen. Die Behauptung von Prince, Crimp hätte ihn zur *Pictures*-Ausstellung eingeladen, sei schlicht falsch. Als intellektuelle Person wird Crimp in diesem Buch trotzdem nicht wirklich greifbar. Vielleicht liegt das an seiner Struktur mit erzählerischen Fäden, die nicht wieder aufgegriffen werden und im Sande verlaufen oder an der Unentschiedenheit bezüglich seines Genres.

103.
RETROSPEKTIVE VERKLÄRUNG

Man kann seiner Erinnerung wirklich nicht trauen, ich bin zum Beispiel immer der festen Überzeugung gewesen, in Bezug auf mein schulisches Leben und mein Studium mehr oder weniger alleine gelassen worden zu sein. Jetzt habe ich jedoch im Nachlass meiner Mutter einen Briefwechsel zwischen ihr und mir entdeckt, in dem sie regen Anteil an meinen Studienentscheidungen nimmt und ich ihr meinerseits detailliert von den in den Seminaren diskutierten Fragestellungen berichte. Schon während meiner Schulzeit hatte sie sich als Elternsprecherin betätigt, wovon ebenfalls die im Nachlass enthaltenen Briefe zeugen, die sie an die anderen Eltern schrieb. Sie versuchte ausgerechnet für die Mathematik eine Lanze zu brechen und machte entsprechende Vorschläge, wie dieses ungeliebte Fach auch zuhause in ein positiveres

Licht gerückt werden könne. Nur habe ich keine Erinnerung an diese Initiativen meiner Mutter und auch die Korrespondenz zwischen uns während meines Studiums war mir völlig entfallen. Gestern zeigte mir meine Schwester ein Foto von der Beerdigung meiner Großmutter, auf dem ich neben meiner Mutter, meinem Vater und meinen Geschwistern zu sehen bin. Dieses Foto verblüffte mich nun vollständig, denn nach meiner Erinnerung hatte ich an dieser Beerdigung gar nicht teilgenommen, weshalb mich bis heute Schuldgefühle gegenüber meiner verstorbenen Großmutter plagen. Welche Funktion haben derartige Erinnerungslücken für die eigene psychische Ökonomie? Sind sie notwendig, um bestimmte Narrative aufrechtzuhalten, die das eigene Selbstverständnis (als „verlassen" oder „schuldig") untermauern? Beim Anblick dieser Beerdigungsfotos realisierte ich zudem, dass wir die Bestattung unserer Mutter nahezu deckungsgleich gestaltet haben, in derselben Kirche, an demselben Grab stehend und später in demselben Restaurant essend, in dem wir schon 1985 nach der Trauerfeier für meine Großmutter gesessen hatten. Von dieser Wiederholung habe ich während der ganzen Zeremonie nichts bemerkt, ich wähnte mich zum ersten Mal an diesen Orten. Meine Mutter war fünfzig, als ihre Mutter starb, mir waren zwei Jahre mehr mit der meinigen vergönnt und inzwischen bin ich älter als sie auf dem Beerdigungsfoto, was auch schwer zu begreifen ist. Das Fazit, das ich aus all diesen Entdeckungen in ihrem Nachlass ziehe, lautet: Erinnerungen sind nicht zuletzt deshalb so trügerisch, weil sie in erster Linie dazu dienen, die für das eigene Selbstverständnis zentralen Narrationen aufrechtzuerhalten. Dafür, dass ich mich wahlweise alleine gelassen oder schuldig fühlte, gab es zwar konkrete Anhaltspunkte und Erlebnisse in meiner Ausbildungszeit, aber die Lage war offenkundig komplizierter.

104.
TATTOOS

Gestern führte ich ein längeres Gespräch mit einer jungen Frau, deren Arme und Dekolleté einen dichten Tattoo-Teppich aufwiesen. Sie erzählte mir, dass auch ihr Oberkörper und ihre Oberschenkel von Tattoos bedeckt seien. Allein ihre Unterschenkel und der Rücken würden noch nackte Haut aufweisen, was sich aber demnächst ändere. Ich fragte sie nach den Gründen, warum sich derzeit so viele junge Frauen und Männer tätowieren lassen. Besucht man beispielsweise einen Yogakurs, sieht man kaum noch untätowierte Haut. Sie erklärte mir, dass ihre Tattoos das Ergebnis eines ästhetischen Konzepts wären, welches sich ihr Tätowierer – ein Künstler, wie sie hervorhob – für sie ausgedacht habe. Jedes Motiv habe eine Bedeutung und sie selbst würde sich mittlerweile wie eine – ihre Sammlung auf der Haut tragende – Kunstsammlerin fühlen. Ich wandte ein, diese Motive seien doch im Unterschied zu Kunstwerken nicht unabhängig von ihrer Trägerin und ihr Wert steige, anders als beim markterfolgreichen Kunstwerk, nicht potenziell, sondern nehme mit den Jahren ab. Sie stimmte dem zwar zu, begründete ihre Liebe zum Tattoo jedoch mit dessen lebenslanger Haltbarkeit. Oft würde ihr von besorgten Mitmenschen, etwa von ihrer Mutter, prophezeit, dass sie jetzt ein Leben lang mit diesen Motiven herumlaufen müsse; dies sei für sie jedoch keine abschreckende Aussicht, sondern genau der Vorzug des Tattoos. Es währt immer und verheißt eine Kontinuität, die im Gegensatz zu ihrem als diskontinuierlich und instabil empfundenen Leben stehe. Das Tattoo verspricht ihr zufolge also eine Langfristigkeit und Verlässlichkeit, die in einem immer unwägbarer erscheinenden Leben erstrebenswert ist. Sie erklärte mir zudem, dass sie sich, seit sie ihre Tattoos auf der Haut trage, viel mehr wie „sie selbst" fühle. Erst ab dem Moment, da eines ihrer genuinen Körpermerkmale, die Haut, mit „hautfremden" Motiven versehen wurde, fühlte sie sich offenbar authentisch und eins mit sich selbst. Womit einmal mehr bewiesen wäre, dass ein gewisses Maß an Entfremdung die Voraussetzung für Authentizitätsgefühle ist. Sie erzählte weiter, das Ertragen des Schmerzes beim Prozess des Tätowierens habe sie stärker gemacht – sie wüsste jetzt, was sie aushalten könne. Erst die Grenzerfahrung also, das Durchstehen eines körperlichen Schmerzes, ermöglicht es ihr, ihr Potenzial zu spüren. Als sie mir von ihren zukünftigen Tattoo-Plänen berichtete – als Nächstes wären die Unterschenkel und der Rücken dran –, wurde mir klar, dass sie erst Ruhe finden würde, wenn ihr ganzer Körper vollständig mit Tattoos bedeckt sein würde. Immer wieder sucht sie deshalb ihren Tätowierkünstler auf, um ihr Selbst unter seiner Fremdeinwirkung zu spüren, um ihre eigene Stärke zu erleben und ihrer alten Haut buchstäblich zu entkommen.

105.
DOES IT SPARK JOY?

Das derzeit in der Lifestyle-Presse viel diskutierte Buch *Live-Changing Magic of Tidying Up* von Marie Kondō ist aus meiner Sicht so durchgeknallt wie praktisch hilfreich, vor allem aber: symptomatisch für unsere Zeit. Ihre Tipps zum Aufräumen gehen auf den animistischen Glauben an ein den Dingen selbst innewohnendes „Leben" zurück. Plädiert sie doch dafür, dass man diesen Dingen wie einer *Person* begegnen solle. Jeder Gegenstand im Haushalt solle sorgfältig betrachtet und dann entschieden werden, ob er entsorgt oder ob ihm ein besonderer Platz zugewiesen wird. Bei Kondō geht man also eine Art Liebesbeziehung mit leblosen Objekten ein, die entweder fortgesetzt oder beendet wird. Ihr zufolge soll man nicht etwa peu à peu ausmisten, sondern ein einziges Mal richtig durchgreifen, mithilfe ihres Systems, von dem sie ihren Leser*innen verspricht, dass es ihnen zu einem neuen Lebensgefühl verhelfen wird. Ihr Buch zielt letztlich darauf ab, den Menschen der westlichen Hemisphäre in ihren mit Dingen vollgestopften Wohnungen das (imaginäre) Gefühl zu geben, durch Aufräumen und Aussortieren die Kontrolle über ihr Leben wiederzuerlangen. Wobei dieser psychisch-affektive Effekt des Ausmistens meiner Erfahrung

nach durchaus zutreffen kann. Man fühlt sich danach tatsächlich sortierter, unbeschwerter und das eigene Leben besser überblickend. Angesichts von immer kleiner (und teurer) werdendem Wohnraum in den Großstädten ermuntert Kondō ihre Leser*innen aber auch dazu, sich in dieser im Grunde inakzeptablen Situation einzurichten, indem sie sich von einem großen Teil ihres Besitzes – vor allen von Kleidern und Büchern – trennen. Als Methode dafür schlägt sie vor, sich bei jedem Ding, und vor allem bei jenen Sachen, von denen man sich nur schwer lösen kann, zu fragen, ob von ihnen ein Gefühl der Freude ausgehe: „Does it spark joy?" Wie bei einer Person soll man also herausfinden, ob einem die sich in Schränken und Regalen angesammelten Dinge guttun und ob sie Freude ins Leben bringen. Im Selbstversuch habe ich festgestellt, dass es mir im Zuge dieser an die Dinge gerichteten Frage tatsächlich leichter fällt, mich von ihnen zu verabschieden. Ungeliebte Geschenke, die wegzuwerfen man vorher nicht über sich brachte, vermag man plötzlich leichten Herzens wegzugeben. Leider kommt Büchern bei Kondō keine Sonderstellung zu, die Möglichkeit, dass sie (etwa der Wissenschaftlerin) als Arbeitsinstrumente dienen, ist bei ihr schlicht nicht vorgesehen. Entsprechend rät sie bei Büchern dazu, sich mindestens von zwei Dritteln des eigenen Bestandes zu trennen. Würde ich derart rigoros mit meiner Bibliothek verfahren, müsste ich mich von meiner bisherigen Arbeitsmethode verabschieden. Die Weitergabe von Kleidung, etwa an Kinder oder Bedürftige, ist bei ihr ebenfalls keine Option. In der Frage, die ich mir regelmäßig stelle – ob das auszusortierende Kleidungsstück nicht eines Tages meiner Tochter gefallen könnte –, sieht sie nur eine Verschiebung des Problems. Statt loszulassen, würde man so auf verschobene Weise festhalten.
Die Ausmistwut, von der dieses Buch zeugt, ist auf eine Art rabiat, die stellenweise etwas durchgeknallt wirkt.
So wird dem „follower" ihrer Methode beispielsweise in Aussicht gestellt, dass sich ihr/sein Leben in dem Moment verbessern wird, wo sie/er sich von allem „clutter" getrennt habe. Der Fokus gilt dabei allein der Mikroebene, dem Zuhause, implizit wird also davon ausgegangen, dass

auf der Makroebene ohnehin nichts auszurichten ist. In einer Situation, in der die meisten resigniert glauben, keine gesellschaftlichen Veränderungen bewirken zu können, rät Kondō dazu, stattdessen im eigenen Heim radikale Veränderungen vorzunehmen. Die widerständige Energie solle sich allein auf das eigene Zuhause richten, das beherzt entleert wird, so als wäre die Privatsphäre gänzlich unverbunden mit der sozialen Realität. Am Schluss der Ausmistprozedur nimmt sie sich familiäre Erinnerungsstücke (wie Fotos oder Briefe) vor, da man sich ihr zufolge leichter von ihnen trennt, wenn man in ihrer Methode bereits Übung hat. Auch Erinnerungen werden bei ihr brutal getilgt, als gälte es nur im Hier und Jetzt zu leben. Ich bin froh darüber, dass meine Eltern nicht im Kondō-Stil alles weggeworfen und entsorgt, sondern meine Briefe und Geschenke behalten haben, an denen ich mich heute nicht nur erfreue, sondern die mir ganz neue Einblicke in meine Kindheit gewähren. Trotzdem habe ich, inspiriert von Kondōs „does it spark joy"-Methode, eben die Küche nach Objekten durchforstet, von denen kein Funken Freude mehr ausgeht. Und natürlich bin ich fündig geworden, das Ergebnis steht jetzt auf dem Küchentisch. Ich werde diese Dinge allerdings nicht mit Kondō-typischem Furor wegwerfen, sondern sie an Leute weitergeben, die sie vielleicht gebrauchen können.

106.
VERLUST DER ZEUGIN

Wenn die Mutter tot ist, gibt es keine Zeugin der frühen Kindheitserlebnisse mehr. Dies gilt insbesondere für patriarchale Familien wie die unsrige, wo allein die Mutter für die Kinder zuständig war. Mein Vater bekam von alledem – angefangen von Kinderkrankheiten bis hin zu Kindergeburtstagen – kaum etwas mit. Nun hat meine Tochter die Windpocken und es besteht angeblich hohe Ansteckungsgefahr, aber ich kann meine Mutter nicht mehr fragen, ob ich als Kind selbst Windpocken gehabt habe oder ob ich gegen diese Krankheit geimpft wurde. Meine jüngeren Geschwister können sich, auf Nachfrage, auch nicht erinnern. In solchen Momenten wird mir klar, dass sie meine frühe Kindheit gewissermaßen mit ins Grab genommen hat. Sie ist die einzige Zeugin dieser Phase und kann jetzt nicht mehr dazu befragt werden.

107.
TOCHTER VON TOTEN

Beim Yoga kam die Lehrerin heute auf das Thema „Rollenvielfalt" zu sprechen: Man müsse heutzutage sehr viele Rollen ausfüllen, die der Tochter oder die des Sohnes, eventuell auch die der Mutter oder die des Vaters, die der Berufstätigen etc. Bei der Erwähnung der Tochterrolle fragte ich mich unwillkürlich, ob ich diese Rolle nun durch den Tod meiner Eltern verloren habe? Zwar bin ich nominell immer noch die Tochter meiner Eltern, aber in dem Moment, in dem sie gestorben sind, bin ich faktisch die Tochter von zwei im Grabe liegenden (inzwischen verwesten) Körpern und dies ändert die Lage erheblich. Denn ich habe nun niemanden mehr, demgegenüber ich aktiv die Rolle der Tochter einnehmen und spielen kann. Im Gegenzug gibt es keinen Menschen, der sich so für mich einsetzt, wie es Eltern im Idealfall für ihre Tochter tun. Zwar kann es durchaus sein, dass meine toten Eltern auf eine gespenstische Weise immer noch Anteil an meinem Leben nehmen, was ich gelegentlich sogar zu spüren meine, dennoch ist meine Tochter-Identität mit ihrem Tod zweifellos an ihr Ende gelangt. In die Rolle der Tochter kann ich nicht mehr schlüpfen, wie früher etwa beim Elternbesuch, statt Tochter bin ich jetzt „nur" noch Mutter meiner eigenen Tochter, die mich ihrerseits auch irgendwann verlieren und durch dieselbe desorientierende Erfahrung hindurchgehen wird. Auch ihr wird es angesichts des Todes ihrer Eltern wahrscheinlich so vorkommen, als hätte sie ihren Kompass verloren, ihr „Navigationssystem", wie es Deborah Levy so treffend formulierte. Momentan vermag ich diesen Verlust nur als eine Negativbilanz zu erfassen, auch wenn das Ende des Tochter-Daseins zugleich Chancen birgt: Man kann potenziell aus seiner Rest-Unmündigkeit heraustreten und die im therapeutischen Diskurs gerne beschworene „Verantwortung für sein eigenes Leben" übernehmen. Damit verbunden ist aber auch ein Auf-sich-selbst-zurückgeworfen-Sein, das ich derzeit als eher beängstigend empfinde, denn niemand wird mich so auffangen, wie meine Eltern es oft getan haben.

108.
TRUMPS PRESSEKONFERENZ

Trump bei seiner ersten Pressekonferenz zu erleben, war so unglaublich wie bedrohlich. Ich musste mich förmlich kneifen, um zu realisieren, dass dies wirklich, in real time, geschah und keine US-amerikanische Trump-Satire war. Als besonders erschreckend empfand ich vor allem, wie sehr die von ihm angekündigten ökonomischen Maßnahmen an faschistoide Programme erinnern – Steuererleichterungen für Unternehmen, damit sie im Land bleiben und/oder ihre outgesourcten Produktionsstätten zurückholen und dadurch neue Arbeitsplätze schaffen, Maßnahmen, die natürlich in einem nationalistischen Rahmen verbleiben. So wie die Nazis die Presse als „Lügenpresse" beschimpften und verunglimpften, ließ auch Trump die anwesenden Journalist*innen seine Verachtung spüren. Das Postfaktische seiner eigenen Politik lastete er einem anwesenden Journalisten von CNN an, den er mit den Worten „You are fake news" abfertigte und die Antwort verweigerte. Auch diese Taktik, dem politischen Gegner die eigenen Regelverstöße in die Schuhe zu schieben, war bei den Nazis beliebt. Als reinen Bluff könnte man den Auftritt einer Anwältin am Schluss seiner Pressekonferenz charakterisieren, die ihm zufolge damit beauftragt worden war, sicherzustellen, dass es keinen „conflict of interest" zwischen seiner Präsidentschaft und seinen Unternehmen, dem Trump-Imperium, gäbe. Mithilfe von Massen von Aktenordnern, die wie eine Staffage auf dem Tisch aufgetürmt worden waren, sollte demonstriert werden, dass an der Vermeidung von Interessenkonflikten derzeit von zahlreichen Bürokraten mit Hochdruck gearbeitet würde.

Man musste unweigerlich an Kinder denken, die stolz ihre angehäuften Bauklötze vorzeigen. An einer Stelle behauptete Trump absurderweise, sich dazu verpflichtet zu haben, nicht mit seinen Kindern über sein Business zu sprechen, die dieses in seinem Namen weiterführen. Dieses Schweigegelübde ist besonders lachhaft, wenn man bedenkt, dass seine Kinder natürlich aus der Tatsache Profit ziehen werden, dass ihr Vater Präsident der Vereinigten Staaten ist und Trump wird selbstredend auch weiterhin mitbekommen, was seine Kinder mit seinen Unternehmen so treiben. Symptomatisch und geradezu protofaschistisch finde ich, dass er grundsätzlich nicht argumentiert, sondern eine Politik der Affekte betreibt. Es geht letztlich immer nur darum, ob jemand in seinen Augen ein „great" oder „brilliant guy" ist, ob er ihn also als Person mag oder sich gut mit ihm versteht. Internationale Beziehungen werden auf diese Weise zu einer reinen Frage der gegenseitigen Sympathie erklärt. Trump nutzt für seine Politik der Affekte wie vor ihm andere Despoten die fortschrittlichsten Medien. Für seine launigen Mitteilungen per Twitter bedient er sich eines avancierten (sozialen) Mediums, so wie Adolf Hitler die Technologien von Radio und Kino. Dass sich Trumps Politik in erster Linie von Stimmungen wie Gekränktheit oder Stolz leitet, lässt sich schon an seinen Gesichtsausdrücken ablesen, die er bei öffentlichen Gelegenheiten aufsetzt und die der Schauspieler Alec Baldwin perfekt zu imitieren versteht. Vergleichbar dem „Blue Steel"-Blick des männlichen Models in dem Film *Zoolander*, schürzt auch Trump die Lippen und lässt sie vorne spitz zusammenlaufen, wodurch sein Gesicht straffer wirkt. Diese überzogene Model-Pose lässt ihn vollständig grotesk wirken, macht ihn andererseits aber hundertprozentig kompatibel mit den Gesetzen der Celebrity Culture, deren Produkt er schließlich auch ist.

109.
THIS IS FAKE ART: RICHARD PRINCE

Nachdem Richard Prince seine Autorschaft an einem sich im Besitz von Ivanka Trump befindlichen Bild zurückgezogen hatte – ein auf ein Instagram-Foto zurückgehendes Porträt von ihr – brach großer Jubel in der Kunstwelt aus. Allen voran feierte der Kritiker Jerry Saltz die ent-autorisierende Geste von Prince als richtungsweisend: So könnten Künstler*innen ihren Protest gegen Trump artikulieren. Ich denke hingegen, dass die Dinge ein wenig komplizierter liegen. Man muss zunächst einen Schritt zurücktreten und fragen, warum Prince dieses Porträt von Ivanka Trump überhaupt produziert hat. Seiner eigenen Darstellung zufolge, die man natürlich nicht für bare Münze nehmen darf, war es Ivanka selbst, respektive ihr Kunstagent, die ihn um ein Porträt von ihr gebeten hatten. Es würde sich demnach um eine vormoderne Form der Auftragskunst handeln, auf die sich Prince erstaunlicherweise einließ. Unter den zahlreichen Instagram-Fotos von Ivanka Trump wäre er sodann auf ein Motiv gestoßen, das ihn überzeugt habe. Man sieht sie auf diesem Foto im weißen Bademantel ein Selfie von sich machen, umgeben von zwei (nicht weißen) Stylisten, die ihren Haaren einen Blow Dry verpassen. Indem Prince nun die Autorschaft seines auf diese Bildvorlage zurückgehenden Gemäldes zurückzieht und es als „Fake-Art" bezeichnet, hat er Ivankas Vater Donald und seinen legendären Ausspruch „You are fake news" im Visier. Zwar ist es in der Geschichte der Kunst immer wieder vorgekommen, dass Künstler*innen einem Werk die Autorschaft entziehen, paradigmatisch etwa Robert Morris, der einer Arbeit von 1963 in Form eines *Statement of Aesthetic Withdrawal* ihren ästhetischen Wert abgesprochen hatte. Doch noch jeder Versuch, einer künstlerischen Arbeit Wert (wie bei Morris) oder Autorschaft (wie bei Prince) zu entziehen, hat sich langfristig positiv auf deren Wertentwicklung ausgewirkt. Eine vergleichbare Aufwertung steht dem Ivanka-Porträt von Prince schon aufgrund der Erzählungen und Legenden, von denen es flankiert wird, nun ebenfalls bevor.

Es wird mit der Geschichte des Versuchs von Prince, ihm die Autorschaft zu verweigern, angereichert bleiben und natürlich auch langfristig immer noch eine Arbeit von Prince bleiben. Im Moment scheint es seinem Autor allerdings vorrangig darum zu gehen, seine symbolische Distanz zu den Trumps zu markieren, was sein gutes Recht ist. Wie um seiner Entschlossenheit Nachdruck zu verleihen, den Deal rückgängig zu machen, hat Prince die von Ivanka Trumps Agenten damals für das Bild gezahlte (erstaunlich geringe) Summe von 36.000 Dollar angeblich zurücküberwiesen. Bei diesem Versuch, sich von den Trumps – und damit von der konservativen Sphäre der Republikaner – freizukaufen, übersieht Prince jedoch, dass der Übergang zwischen der VIP-Kunstwelt, zu der er als markterfolgreicher Künstler notgedrungen gehört und diesem politisch konservativen Milieu grundsätzlich fließend ist. Es ist davon auszugehen, dass zahlreiche Arbeiten von Prince von jenen gesammelt wurden und werden, die Trump unterstützen. Hinzu kommt: Prince befindet sich in der privilegierten Position, das für sein Bild erhaltene Geld zurückzahlen zu können – ein Privileg, das seine Geste voraussetzt und nicht reflektiert. Natürlich ist seine symbolische Distanzierung von Trump besser als nichts, aber sie läuft letztlich auf den Versuch einer individuellen Reinwaschung hinaus, die über die strukturellen Überlappungen zwischen Kunst- und Trump-Milieu hinweggeht.

110.
ZEH-OP

Auf einem Op-Tisch liegend, dem Operateur hilflos ausgeliefert, drängten sich meine toten Eltern mit Macht in mein Bewusstsein hinein. Es war ein regressives Bedürfnis nach ihrem Schutz, das mich in dieser ohnmächtigen Lage ebenso überfiel wie ein Gewahr werden meiner größeren Nähe zu ihrem toten Zustand in dieser Position. Auch wenn es bei mir nicht um Leben und Tod ging, war ich doch (wie sie am Ende ihres Lebens) den Ärzten ausgeliefert. Schon leicht betäubt und ohne

Handlungsmöglichkeit, vollständig abhängig von einem Chirurgen, der über mein weiteres Befinden – wenn auch nur über das meines Zehs – entscheiden würde. Auch in einer solchen Extremsituation fällt es mir immer noch schwer, endgültig Frieden mit meinem Vater zu schließen, während ich meiner Mutter nur liebende und wohlwollende Gedanken entgegenbringe. Zwar steigt durch die Erfahrung des Ausgeliefertseins die Empathie für das Leiden meines Vaters, der seine letzten Monate in einem viel schlimmeren Zustand – stumm und ohne schlucken zu können – in diversen Pflegeinstitutionen verbringen musste. In demselben Maße, wie ich mitfühle und ihm alles verzeihen möchte, geht mir aber auch sein Verrat durch den Kopf, den er an uns Kindern verübte, indem er uns enterbte und mit einer feindseligen Stiefmutter zurückließ, die er sich als *seine* Frau ausgesucht und in unser Leben gebracht hatte. Diese Mischung aus zugewandten und enttäuschten Gefühlen lässt sich nun, da er tot ist, nicht mehr positiv auflösen, es besteht keine Chance darauf, dass sich diese Geschichte jemals zum Guten wenden wird. Ich muss mit der Ambivalenz gegenüber meinem toten Vater leben und kann nicht auf ein klärendes Gespräch oder Zeichen von ihm hoffen, welches ihn (und damit auch mich) entlasten würde. Durch seinen Verrat an uns wird mir die Trauer um ihn erschwert, sie ist dauerhaft durchsetzt von maßloser Wut und Enttäuschung. Schlimm.

111.
FRANÇOISE SAGANS WIDERSPRÜCHE

Auf ARTE sah ich einen Dokumentarfilm über Françoise Sagan, deren Roman *Bonjour Tristesse* (1954) für mich als Teenager in den 1970er Jahren einem sexuellen Erweckungserlebnis gleichkam. Nie werde ich die schwül-sexualisierte Atmosphäre des Hauses in Südfrankreich vergessen, die sie in diesem Buch so eindringlich beschreibt. Ich wusste damals allerdings nichts über ihre soziale Position in einem Milieu, in dem sie, wie im Film gezeigt wurde, die Rolle einer Ausnahmefrau spielte. Etwa in der Verlagsbranche, wo sie als einzige Frau von lauter Männern umgeben war, die sie managten. Bestsellerautorin konnte eine Frau in den späten 1950er- und 1960er Jahren offenkundig nur dann werden, wenn sie die Ausnahme blieb – und diese Ausnahme geht strukturell gesehen auf Kosten all der anderen Autorinnen, die ausgeschlossen bleiben. Dieses Strukturgesetz ist natürlich nicht Sagan selbst anzulasten, aber es hat sich im 20. Jahrhundert auch in der Welt der bildenden Kunst immer wieder bewahrheitet. An einer Stelle im Film wird Sagan als bereits ältere Frau gefragt, warum sie François Mitterrand, also die Linke wähle, wo sie selbst doch ein Luxusleben führe. Sie antwortete recht geschickt, dass dies nicht unbedingt ein Widerspruch sei. Vor die Wahl zwischen Urlaub in einem schönen Hotel oder auf dem Campingplatz gestellt, würde doch wohl jede/jeder das Hotel wählen und auch wenn man wie sie gerne gut lebe, würde dies eine linke Gesinnung nicht ausschließen. Interessant ist, dass sie den Widerspruch aufzulösen versuchte, statt ihn als produktiven Widerspruch zu verteidigen, denn nicht derartige Widersprüche sind meines Erachtens das Problem, sondern vielmehr Personen wie der Reporter, die sie nicht aushalten. Einen anderen Journalisten erinnert sie im Film an einen Satz von Blaise Pascal, der gesagt haben soll, dass im Leben zuerst die Liebe komme und später der Erfolg. Bei ihr wäre es jedoch andersherum gewesen, der Erfolg wäre sehr früh und die Liebe – zu einer Frau wohlgemerkt – erst spät eingetroffen. Sagan wurde lange Zeit, vergleichbar mit dem Nachkriegsmaler Bernard Buffet, nur als ein Celebrity-Phänomen abgetan, ihr Werk als literarisch nicht ernst zu nehmen befunden. Doch je brüchiger die Grenzen zwischen High und Low seit den 1960er Jahren wurden, desto mehr Anerkennung brachte man ihrem Schreiben entgegen, obwohl sich zahlreiche Rezensionen in erster Linie für die von ihr erreichten Verkaufszahlen interessierten. Dementsprechend wird sie auch in dem Film immer wieder gefragt, wie viel Geld sie eigentlich verdiene; wobei sie dieses Geld anscheinend beherzt aus dem Fenster geworfen hat, weshalb sie von Gläubigern verfolgt wurde. Ihre Freude an Großzügigkeit und Verschwendung zeigt sich auch darin, dass sie die Modenschau ihrer Freundin, einer Modedesignerin, finanzierte. Sagan bewegte sich im mondänen Milieu und tippte doch ihre Romane auf einer alten, klapprigen Schreibmaschine. Ihr Aussehen als junge Frau erinnert mich sehr an die junge Rosemarie Trockel, weshalb sie mir ungemein vertraut vorkommt.

112.
FLACHE SCHUHE

Bedingt durch die Zeh-Operation, gehe ich nur noch auf flachen Sohlen durchs Leben. Ich trage, auch wegen der Kälte, bequeme UGG Boots, um genau zu sein. Zwar gehöre ich nicht zu den Frauen, die regelmäßig auf High Heels balancieren, aber ich lief doch häufig auf kleinen Absätzen durch die Gegend, was einen großen Unterschied macht, wie ich jetzt feststelle. In meinen flachen Boots kommt mir alle Welt plötzlich groß gewachsen vor. Lauter Riesen. Mit ein paar Zentimetern weniger scheine ich in bestimmten Situationen geradezu übersehen zu werden, man guckt einfach an mir vorbei (was allerdings auch an meinem fortgeschrittenen Alter liegen mag). Um nicht gänzlich unsichtbar zu werden, muss ich mich nach oben recken und strecken. Ich kann die wenigen Frauen aus meinem Freundeskreis, die sich etwa beim Anprobieren eines neuen Kleides vor dem Spiegel auf ihre Zehenspitzen stellen, nun besser verstehen. Sie suggerieren sich auf diese Weise in ihrem Spiegelbild, dass sie auf Absätzen stehend größer sind, sodass das Kleid an ihnen besser aussieht. Vor diesem Hintergrund male ich mir aus, was es für mein öffentliches Leben bedeuten würde, wenn die Schwellung meines Zehs nicht zurückginge und ich für immer mit bequemen absatzlosen Schuhen herumlaufen müsste. Es wäre ein anderes Leben – ein Leben ohne die gewohnten „Auftritte" oder, genauer formuliert: Ich müsste mir einen anderen Auftritt zulegen, in dem die Frage des Schuhwerks keine Rolle mehr spielt. Irgendwo sagt Hannah Arendt passend zu diesem Thema, dass man im

Alter aus seiner Erscheinung heraustreten würde. Man lässt also seine bisherige Erscheinung und die ihr zugeschriebene Bedeutung hinter sich, um andere Dinge, etwa die eigenen Texte und Bücher, sprechen zu lassen.

113.
DAS PASSFOTO-PROBLEM

Nicht ist verstörender als der Anblick eines den biometrischen Kriterien entsprechenden Passfotos, das in einer dieser Fotofix-Studios aufgenommen wurde. Die Beleuchtung ist hier besonders grell und unvorteilhaft, sodass man im Ergebnis um Jahre gealtert erscheint. Der Anblick eines solchen Fotos kann schockierend sein, aber ich rechnete schon während der Aufnahmeprozedur, bei der ich mich denkbar unwohl fühlte, mit einem solchen Resultat. Wegen der biometrischen Auflagen durfte ich keine Miene verziehen und vor allem nicht lachen, was mir einen entsprechend streng-grimmigen Gesichtsausdruck verlieh. Auch die Haare waren aus dem Gesicht zu streichen, wodurch ihre Funktion seiner weicheren Rahmung wegfiel. Als ich das erschreckend hässliche Ergebnis dieser Prozedur vor mir sah, ein Foto, das mich auf Jahre in meinem Ausweis begleiten würde, beschloss ich, die Sache selbst in die Hand zu nehmen. Ich suchte einen Automaten im U-Bahnhof Alexanderplatz auf, wo ich so lange probierte und Gesichtsausdrücke testete, bis mir das Ergebnis mehr zusagte, zumal es mir sehr viel schmeichelhafter im Vergleich zu dem scheußlichen Studiobild zu sein schien. Als hilfreich empfand ich vor allem die von dem Automaten angebotene Möglichkeit, das Bild vor Fertigstellung noch einmal zu überprüfen und gegebenenfalls zu korrigieren. Man kann seine Mimik so auch innerhalb des vorgeschriebenen biometrischen Rahmens variieren. Ich blieb also in diesem schlecht riechenden und verdreckten Automaten so lange auf dem Hocker sitzen, bis mich das Ergebnis einigermaßen zufriedenstellte. Zwar ging von diesem Foto die Aura eines Fahndungsbildes aus, aber das war immer noch besser als sich in eine ältere und erschöpft wirkende Frau zu verwandeln, die ich in Wahrheit – und dies vor allem morgens nach dem Aufstehen – natürlich gelegentlich auch bin.

114. VATERTRAUM

Heute Nacht habe ich geträumt, ich befände mich mit meinem Vater auf einem Segelboot. Das Boot geriet durch starken Wind und hohen Wellengang ständig in eine Schieflage und ich fühlte mich keineswegs in Sicherheit, so wie schon früher als Kind, als ich bei starkem Wind an den zur Seite kippenden Jollenkreuzer festgebunden wurde, um nicht herauszufallen. Mein Vater war im Traum gut drauf und erzählte fröhlich, dass er Weihnachten mit meiner Stiefmutter in Tel Aviv verbracht habe. Die Nennung der Stadt Tel Aviv an dieser Stelle ist aufschlussreich, denn ich selbst werde die kommenden Osterferien mit J. dort verbringen. Womöglich ist dieser Traum Ausdruck eines Schuldgefühls gegenüber meinem toten Vater, der das Leben nicht wie ich genießen und Urlaub machen kann. Als schockierend empfand es mein Traum-Ich hingegen, dass es ihm über Weihnachten ohne uns gar nicht schlecht ergangen war. Wir Kinder, die irgendwie im Streit mit ihm lagen, waren nämlich fälschlicherweise davon ausgegangen, er würde Weihnachten ohne uns sehr traurig sein. Die Botschaft dieses Traums könnte deshalb lauten, dass es meinem Vater posthum gut geht und ist vielleicht auch ein Hinweis darauf, dass mein Vater in seiner Ehe keineswegs nur gelitten hat, sondern auch schöne Zeiten mit seiner Frau verlebte, wenn wir nicht dabei waren. Sein schönes Leben hatte, anders gesagt, unsere Abwesenheit zur Voraussetzung. Während wir in Gedanken bei ihm waren und immer noch sind, hatte er sich für eine andere Person, seine Frau entschieden, mit der er sogar Weihnachten verbrachte, ein Fest, das ihm eigentlich als Familienfest heilig war. Schon zu seinen Lebzeiten war er allerdings häufig über Weihnachten mit seiner Frau in den Süden geflogen, was er uns gegenüber in leicht beleidigtem Tonfall stets damit erklärte, dass mit uns an Weihnachten ja ohnehin nicht zu rechnen sei. Statt sich also um unsere Anwesenheit zu bemühen, machte er sich davon. Ich wachte ziemlich gerädert auf, hatte aber auch das Gefühl, endlich einmal wirklich tief geschlafen zu haben.

115.
PERSONAL SHOPPER

Der Regisseur Olivier Assayas beweist in seinem Film *Personal Shopper* einmal mehr, dass er von weiblichen Existenzformen in einer digitalen Ökonomie viel versteht. Die Protagonistin, sehr gut gespielt von Kirsten Stewart, nimmt beispielsweise jene androgyne Körperhaltung ein, leicht schlurfender Gang mit nach vorne gezogenen Schultern, die heute zahlreiche, junge, hippe Frauen kultivieren. Stewart trägt in diesem Film durchgehend Sneakers, ausgenommen in jenen Momenten, wo sie unerlaubterweise in die High Heels ihrer Arbeitgeberin schlüpft. Als „sexy" im alten Sinne inszeniert sie sich in dieser Szene also nur probehalber, denn im Grunde genommen ist es verboten (und überholt), so auszusehen. Die Einsamkeit ihres Lebens wird durch einen konsequent abwesenden Boyfriend illustriert, der sich ab und an per Skype zuschaltet. Wie Stewart mit ihrer Tätigkeit des Shoppens für eine wohlhabende Auftraggeberin, scheint auch er im Oman einer sinnlosen Beschäftigung nachzugehen, deren Natur nebulös bleibt. Er steht seiner Freundin zwar als Ansprechpartner zur Verfügung, geht aber wohl auch distanzbedingt keine tiefergehende Beziehung zu ihr ein. Auch die von Stewart gespielte Figur des Personal Shoppers scheint sich aus der analogen Welt längst ausgeklinkt zu haben. Während sie für ihre Kundinnen Einkäufe tätigt, behält sie durchgehend die Stöpsel ihres iPhones im Ohr, in dem sich ihr eigentliches Leben abspielt: Hier bezieht sie die sie wirklich interessierenden Informationen, so etwa recherchiert sie die Malerei von Hilma af Klint – deren Bilder sich in diesem Film als ausgesprochen screentauglich erweisen –

und die Geschichte spiritistischer Séancen oder mediumistischer Wesen. Man könnte sagen, die Protagonistin nimmt den Kontakt zur Welt ausschließlich über ihr iPhone auf, hier spielt sich ihre eigentliche Existenz ab. Speziell die SMS-Kommunikation mit einem bedrohlichen Unbekannten, die sich quälend lange, in Echtzeit sozusagen, hinzieht, bildet die heutigen digitalen Kommunikationsformen ab. Je geringer die Wahrscheinlichkeit, dass man dem Unbekannten jemals begegnen wird, desto intensiver und intimer gestaltet sich der Austausch mit ihm. Vergleichbar den Kulturarbeiter*innen heutiger Prägung, ist auch die Personal Shopperin ständig unterwegs. Auf Reisen funktioniert sie – wie so viele – auf Autopilot, wenn Stewart schlafwandlerisch Tickets kauft, sich einen Kaffee aus dem Automaten zieht, am Flughafen durch die Security geht oder ihr Gepäck in die Ablage wuchtet. Von ihrem iPhone trennt sie sich allerdings nur für einen kurzen Moment beim Durchlaufen des Security-Rituals, wo sie es in einer Plastikschale ablegen muss. Den detailversessenen Fokus der Kamera auf diese menschlichen Gesten im Zeichen des Mobilitätsimperativs finde ich besonders gelungen. Interessant auch, wie Fashion vorkommt, die vor allem in Form jener Tüten mit Brand-Beschriftung auftritt, welche die Personal Shopperin berufsbedingt unentwegt mit sich führt. Routiniert und im Eiltempo durchstreift sie die Showrooms der Designer*innen, deren Mitarbeiter*innen bereits eine Auswahl an Kleidern für ihre Kundin vorbereitet haben. Mit schnellem und eher desinteressiertem Blick wird sie sich für ein paar Kleidungsstücke entscheiden. Weil sie in diesem Film sichtbar viel Geld für Luxusdesignerkleidung ausgibt – es ist das Geld ihrer Auftraggeberin, einer „high profile Celebrity", wie es an einer Stelle heißt – wird das Erworbene von ihr entsprechend mit Missachtung gestraft. Zwar streift sie sich gelegentlich ein paar der erworbenen Kleider über, aber eigentlich sind sie ihr gleichgültig. Die Verachtung, mit der sie die Kleider behandelt, hängt unmittelbar damit zusammen, dass sie für jemand anderen bestimmt sind. Im betonten Desinteresse an ihnen ist aber auch die Regel impliziert, dass sowohl der affektive als auch der modische (und finanzielle) Wert von Designerklamotten mit ihrem Erwerb sogleich verfällt. Entsprechend diesem Wertverlust hat man auch in *Personal Shopper* den Eindruck, Stewart würde die erworbenen Klamotten am liebsten in die Ecke werfen. Ihr modischer Wert ist mit Beginn der Saison nur noch abnehmend und auch ihr Geldwert sinkt mit jedem Tag, der vergeht. Dieser Verfallsprozess samt der Verachtung, die die Shopperin dem eben noch Begehrten entgegenbringt, ist in diesem Film besonders überzeugend dargestellt.

116.
BELEGE FÜR DIE STEUER

Die Belege für die Steuer zusammenzustellen, war mir eigentlich immer ein Graus. Aber seitdem ich diese Tätigkeit ritualisiert habe, also beim Sortieren gemütlich Tee trinke und mir für diese Angelegenheit mehr Zeit nehme, etwa einen ganzen Samstagnachmittag lang, hat sie ihren Schrecken verloren. Mehr noch, ich habe festgestellt, dass die langsame Durchsicht von Arztrechnungen, Taxiquittungen, Restaurant-, Bücher- und Reisebelegen einer Rückbesinnung auf meine jüngst vergangene Lebenswirklichkeit gleicht. Es hat etwas Beruhigendes, mit jedem Beleg die damit dokumentierte Aktivität noch einmal zu durchleben, um sie dann buchstäblich abzulegen und mit ihr abzuschließen. Mithilfe dieser Quittungen, die ja auch die eigenen Handlungs-, Konsum-, Kommunikations- und Kaufgewohnheiten belegen, wird eine Betrachtung des eigenen Lebens möglich, die einen beinahe therapeutischen Effekt hat. Denn indem ich bestimmte Ereignisse qua Beleg Revue passieren lasse, schaffe ich auch eine Distanz zu ihnen. Alles sortiert sich auch in meinem Kopf, wodurch eine eigentümlich befriedigende Form der Ruhe einkehrt. Inzwischen genieße ich es geradezu, sämtliche Rechnungen für Bücher durchzugehen, weil sie mir meine Lektüreerlebnisse der letzten Wochen vor Augen führen. Letztlich gibt einem das ungeliebte „Steuer machen“ das Gefühl, dem eigenen Leben etwas souveräner gegenüberzutreten, man kann es retrospektiv ordnen und dadurch vielleicht auch in Zukunft in geordnetere, ruhigere Bahnen lenken.

117.
STREIFEN

Die Sommerkollektionen 2017 sind, speziell bei Balenciaga, aber auch bei zahlreichen anderen Designer*innen, von einer erstaunlichen Omnipräsenz an Streifenmustern geprägt. Übergroße Hemden mit breitem, hellblau-weißem Streifenmuster finden sich eigentlich in jeder Kollektion, wie auch Kleider, Bademode und bei Balenciaga gestreifte Tote Bags. Diese Streifen lassen an jene Markisen denken, die man an den Häusern der Riviera findet. Sie strahlen die Zuversicht der Badefreuden eines privilegierten Strandurlaubs an der Côte d'Azur aus. Meist in satten Primärfarben, hüllen diese Streifen ihre Träger*innen in eine grundoptimistische, sommerliche Stimmung ein. Zudem gewähren sie ihr ein andauerndes Resort- oder Spa-Feeling, weshalb es nur konsequent erscheint, dass Balenciaga derzeit auch einen Mantel im Schnitt eines Bademantels im Programm hat, der ebenfalls ein hellblaues Streifenmuster aufweist. Als Gegengift zu den düster-deprimierenden Trump-Times verheißen diese Leisure-Mäntel die mögliche Flucht aus einem als bedrohlich und unerfreulich empfundenen Politikalltag zugunsten eines auf Permanenz angelegten Badeurlaubs, dessen Lebensgefühl jetzt auch jenseits der Ferien erworben werden kann. Zugleich stehen diese lockeren Bademantel-Mäntel emblematisch für die Möglichkeit eines eher slackerhaften Lebens, das sich der Verpflichtung zur Dauerarbeit entzieht. Denn wer tagsüber einen Bademantel trägt, hängt in der Regel zuhause herum, hat sich nicht fertig gemacht, geschweige denn in die Öffentlichkeit oder zur Arbeit begeben. Die gestreiften Tote Bags von Balenciaga sind morphologisch an die häufig verwendeten, billigen, riesigen, gestreiften Taschen aus Plastik angelehnt, wodurch sie Assoziationen an das derzeitige Flüchtlingsdrama aufkommen lassen, denn in solchen Taschen transportieren Flüchtlingsfamilien oft ihr ganzes Hab und Gut. Die Trägerin der Luxusvariante dieser Tasche ist allerdings im Unterschied zu den Geflüchteten nicht zur Mobilität gezwungen, sie ist höchstens häufig auf Achse und hat deshalb eine Tasche gewählt, in der sich viel verstauen lässt. Anders als die meisten Geflüchteten verfügt sie zudem über Geld und ein Zuhause. Von ihr getragen, verströmt die gestreifte Tasche auch die Aura einer stets mitgeführten Strandtasche, so als solle dem Mobilitätsimperativ der gegenwärtigen Ökonomie sein Schrecken genommen werden. Man könnte es aber auch als zynisch empfinden, dass die gestreiften Taschen von Balenciaga in assoziativer Hinsicht zwischen Strandurlaub und Migration oszillieren. Das derzeit allgegenwärtige Streifenmuster hat auch in der bildenden Kunst Tradition: Es kann hier in dekorativer Absicht, etwa bei Henri Matisse, oder in einem institutionskritischen Sinne verwendet werden, wie bei Daniel Buren. Streifen gehen darüber hinaus oft mit einem Faible für mechanische oder industrielle Verfahren einher, wie in den Bildern von Frank Stella. Man könnte vor diesem Hintergrund sagen, dass die derzeit in der Mode omnipräsenten Streifen eine fordistisch-serielle Produktionsweise evozieren, die mit der phantasmatischen Sehnsucht nach dem alten fordistischen Industriekapitalismus korrespondiert, wie sie sich derzeit im Brexit und bei Trump manifestiert. Somit würde im Streifenmuster auch eine Nostalgie für längst Vergangenes und nie wieder Herstellbares mitschwingen – ob es sich nun um die Fantasie eines glamourösen Riviera-Urlaubs handelt oder um das Phantasma einer Wiederkehr des Industriekapitalismus.

118.
IRMGARD KEUNS BRIEFE AN ARNOLD STRAUSS

Liest man im Anschluss an Irmgard Keuns Romane ihre Korrespondenz mit Arnold Strauss, wird einem klar, wie viel Gelebtes bei dem in ihren Büchern entworfenen

Frauenbild mitschwingt. So wie sie im Briefwechsel den ehemaligen Geliebten Strauss geschickt hinhält und immer wieder um Geld angeht, sind ihre Heldinnen auf die finanzielle Unterstützung von Männern angewiesen. Sie gehen körperliche Beziehungen zu ihnen ein, in der Hoffnung, im Gegenzug ein besseres Leben zu erhalten. Wobei sich letztere Hoffnung in Keuns Romanen regelmäßig als Trugschluss erweist. Sie macht an ihren Protagonistinnen deutlich, dass sie aufgrund der Verhältnisse, in die sie hineingeboren wurden, keine andere Wahl hatten. Auch die Notwendigkeit des Lügens ist ein Leitmotiv sowohl in ihren Büchern als auch in ihren Briefen an Strauss. Die permanenten Ausreden, in die sich Keun flüchtet, um ihrem Geliebten ihr Fernbleiben zu erklären, sind wie auch in ihren Büchern, Notlügen, die aus einer misslichen Situation herausführen sollen. Notlügen können angesichts von ambivalentem Begehren und innerer Zerrissenheit manchmal der einzige Ausweg sein. Doch anders als ihre Protagonistinnen war Keun für ihr eigenes Überleben nicht auf finanzielle Unterstützung von Männern angewiesen, weil sie vom Schreiben leben konnte. Allerdings waren für dieses Schreiben bestimmte Bedingungen erforderlich, weshalb sie Arnold Strauss nicht in die USA folgen konnte, um sich dort in der Rolle der Ehefrau, des Anhängsels, wiederzufinden, was ihre Arbeit unmöglich gemacht hätte. In dieser Hinsicht ähnelt ihre Situation der von Simone de Beauvoir, die aus ähnlichen Gründen nicht zu ihrem Liebhaber Nelson Algren nach Amerika ziehen wollte. Bei Keun werden die Probleme einer weiblichen Produktion, die zwischen Beziehungssehnsucht und Arbeitserfordernissen hin- und hergerissen ist, so treffend geschildert, dass ihre Bücher nichts an Aktualität verloren haben.

119.
TRAUERARBEIT BEIM SPORT

Es überkommt mich immer wieder beim Sport, vor allem in jenen Momenten, wo ich ruhig auf der Matte liegen und die Anweisungen der Lehrer*in befolgen soll. Den Blick nach oben gerichtet, durch die Fenster Ausschnitte des Himmels betrachtend, denke ich unweigerlich an meine verstorbenen Eltern frage mich, ob und in welcher Form sie vielleicht irgendwo doch noch existieren. Während ich die Anwesenheit meiner Mutter unmittelbar nach ihrem Tod deutlich spürte, kostet es mich jetzt große Anstrengungen, mir ihre Präsenz zu vergegenwärtigen. Es ist nicht mehr so einfach, mit ihr in Kontakt zu treten. In diesen Situationen packt mich das verzweifelte Bedürfnis, noch ein einziges Mal mit ihr sprechen zu können, denn es gibt noch so viel zu bereden und zu klären. Dass dies unmöglich sein soll, will mir nicht in den Kopf und stellt eine Zumutung dar, an die ich mich nicht gewöhnen kann. Warum wird mir dieser Wunsch nach einer letzten Aussprache nicht gewährt? Ich würde alles darum geben, dieses eine letzte Gespräch mit ihr führen, ein letztes Treffen mit ihr anberaumen zu können. Nur wird mir das in diesem Leben nicht mehr vergönnt sein. Das Tor zur Verzweiflung, das sich in solchen Momenten öffnet, schließt sich aber auch wieder, wenn ich meinen Alltag – als sei nichts gewesen – weiterlebe. So wie mich der Gedanke an meine elternlose Existenz vor allem in eher meditativen Situationen immer wieder überfällt, werde ich anschließend in mein Leben entlassen, das ich wohl oder übel unter diesen neuen, streckenweise schwer erträglichen Bedingungen weiterführen muss.

120.
MALE OSCURO

Dass editorische Bemerkungen ungefähr die Hälfte dieses Buches von Ingeborg Bachmann ausmachen, wirkt zunächst ein wenig abschreckend. Ich bin auch nicht sicher, ob Bachmanns hier abgedruckte Traumprotokolle den Leser*innen so viel sagen, zumal ihnen eine Analyse durch einen Psychoanalytiker vorenthalten bleibt. Bachmanns Brief an die Ärzteschaft hingegen ist fulminant, vor allem an jener Stelle, wo sie die gesamte Psychiatrie mit dem Argument verwirft, sie lasse die Patientin letztlich mit ihrer Krankheit alleine. Die Psychiatrie gäbe der Krankheit nur einen Namen, um sie dann mit Psychopharmaka zu dämpfen. Allein die Psychotherapie interessiere sich Bachmann zufolge dafür, wie es der Patientin gehe und warum sie sich derart quäle. Bachmanns Protokolle zeigen zudem, dass Trennungen – in ihrem Fall die Trennung von Max Frisch – nicht nur einen enormen Einschnitt darstellen, sondern einen veritablen Einbruch bewirken können, über den die/der Betroffene nicht hinwegkommt. Sie hat sich von dem Ende dieser Beziehung, das deuten ihre Aufzeichnungen an, nie mehr wirklich erholt, denn sie empfand es als einen nicht hinnehmbaren Verrat an der gemeinsamen Intimität. Dass sie von Frisch unmittelbar nach der Trennung – die offenkundig einem Schlag gleichkam, der ihr den Boden unter den Füßen wegriss – durch eine andere Frau ersetzt wurde, die jetzt aus ihren Tassen trinkt, wird von ihr nachvollziehbarerweise als besonders unerträglich geschildert. Tatsächlich spricht das Drama dieser Trennung, obgleich gar nicht so oft explizit erwähnt, durch sämtliche Zeilen dieses Buches. Ich empfinde es deshalb als besonders lesenswert.

121.
SOUVENIR

Gestern Morgen ist etwas Eigentümliches passiert. Ich wachte wie immer viel zu früh auf und wurde von quälenden Gedanken heimgesucht. Einmal mehr ging es um den plötzlichen Tod meiner Mutter. Für mich ist es unerträglich, kein Zeichen von ihr zu bekommen und ich begann mich bei einem imaginären Gegenüber heftig darüber zu beschweren. Unzumutbar sei eine solche Situation, wo der dringende Wunsch nach Kontakt nicht gehört würde, wo meine Mutter unerreichbar für mich bleibe. Ich steigerte mich in diese Empörung hinein und nahm schließlich ein Buch zur Hand, um mich zu beruhigen. Lektüre hilft mir in aufgewühlt-untröstlichen Zuständen eigentlich immer. Es war *Die Geschichte meines Lebens* von Georges Sand, das ich aus dem Nachlass meiner Mutter mitgenommen und auf meinem Nachttisch platziert hatte. Ich schlug das Buch auf und eine Postkarte fiel heraus, die ich im Jahre 1992 aus England an meine Mutter geschrieben hatte. Es war eine Kunstpostkarte mit einem Bild von Jean-Honoré Fragonard mit dem Titel *The Souvenir* aus der Wallace Collection, das eine Frau in glänzender Robe dabei zeigt, wie sie einen Buchstaben – wohl den Anfangsbuchstaben des Namens ihres Liebhabers – an einen Baum schreibt. Einziger Zuschauer dieser Szene ist ein Hund, was mich dazu veranlasst haben muss, dieses Bild für meine Mutter feministisch zu interpretieren. In meinem kurzen Text auf der Postkarte drückte ich zunächst einmal meine Hoffnung darauf aus, dass ihr dieses Bild gefallen würde. Dann deutete ich es als Allegorie einer Situation, in der weibliche Schriftsteller nicht auf ein Publikum hoffen dürfen, denn von ihren literarischen Arbeiten wurde im 18. Jahrhundert kaum Notiz genommen. Deshalb sei es in diesem Bild von Fragonard allein der Hund, der die Rolle des Publikums für einen weiblichen Produzenten spiele. Dass mir diese Karte, eine Kommunikation mit meiner Mutter, ausgerechnet in dem Moment in die Hände fiel, als ich verzweifelt nach einem Zeichen von ihr verlangte, lässt mich an höhere Mächte glauben. Irgendeine Instanz wollte mich mit der herausfallenden Postkarte wohl trösten. Meine Mutter hatte sie ausgerechnet in ein Buch von Georges Sand gesteckt, das sie zum damaligen Zeitpunkt wahrscheinlich las. Jetzt frage ich mich, ob ich auch auf ein ähnliches Zeichen von meinem Vater hoffen darf?

122.
DANA SCHUTZ VERSUS HANNAH BLACK

Der Protestbrief von Hannah Black, der die Entfernung des Bildes *Open Casket* (2016) von Dana Schutz aus der Whitney Biennale und mehr noch, dessen Zerstörung fordert, ruft die identitätspolitischen Debatten der 1990er Jahre in Erinnerung. Nur ist die Identität, von der hier ausgegangen wird, nicht plural verfasst, sondern wesenhaft durch die Hautfarbe bestimmt, weshalb der

Brief hinter den damaligen Stand der Diskussion ein wenig zurückfällt. Die Künstlerin Kara Walker hat als Reaktion auf diesen Brief dann auch zu Recht daran erinnert, dass es nicht allein die schwarze oder weibliche Identität ist, die einen Menschen ausmacht und dass sich diese Identität zudem nicht eins zu eins in gemalte Bilder übersetzen lässt. Es wären durchaus Bilder vorstellbar, die mit „Identität" gar nichts zu tun hätten. Aber vielleicht musste Hannah Black in ihrem Brief derartige Überlegungen ausblenden, um ihren Punkt machen zu können und nicht durch komplexe Debatten zu relativieren? Es hätte ihren Forderungen wahrscheinlich die Stoßkraft genommen, wenn sie sorgfältig auf zuvor Diskutiertes eingegangen wäre. Blacks Entrüstung darüber, dass sich Dana Schutz ein ikonisches Bild der Bürgerrechtsbewegung malerisch angeeignet hat, das rassistische Gewalt gegen Schwarze zeigt, finde ich emotional durchaus nachvollziehbar. Nur besteht das Problem – meiner Meinung nach – weniger darin, *dass*, sondern *wie* sich Schutz dieses Foto des 1955 von Rassisten getöteten 14-jährigen schwarzen Jungen namens Emmett Till malerisch angeeignet hat. Künstlerische Aneignung allein kann man ihr nicht zum Vorwurf machen, schließlich dürfen auch Weiße Schwarze malen oder/und Dokumente des Rassismus in ihre Arbeit einspeisen. Das Problem ist vielmehr, *wie* die spezifischen Bedingungen des rassistischen Mordes an Emmett Till in dem Gemälde von Schutz mit malerischen Mitteln zum Verschwinden gebracht werden. Das Foto des toten, grausam zugerichteten Kopfes des Jungen im offenen Sarg dient in ihrem Bild einem malerischen Verfahren als Vorlage, das ihn buchstäblich überschreibt, indem es ihn in eine Schutz-typische abstrakt-figurative Zone aus matschig-geschmierten Farben verwandelt. Besonders bei seinem zertrümmerten Gesicht hat man den Eindruck, dass es in erster Linie für den Einsatz von brauner Farbe und expansiven Pinselstrichen dient. Während Schutz ihr Sujet also vollständig aus seinem Kontext löst und in ihre Bildsprache überführt, hat beispielsweise Andy Warhols Werk *Race Riot* (1964) der historischen Spezifik seines Gegenstandes schon dadurch Rechnung getragen, dass es sichtbar auf (weiterhin lesbare) Zeitungsvorlagen zurückging. Schutz hingegen vermalt ihren Gegenstand, unterwirft ihn ihrer abstrahierenden und von figurativen Elementen durchzogenen Bildsprache. Dass das Gemälde deshalb zerstört werden müsse, ist eine wohl absichtlich überzogene Forderung von Black, die ihrem offenen Brief nachvollziehbarerweise viel Kritik eingetragen hat. Statt mit der politisch fragwürdigen Waffe der Bildervernichtung zu hantieren und dadurch Erinnerungen an den Faschismus heraufzubeschwören, wäre es sicherlich klüger gewesen, für eine Diskussion über das Bild *vor dem Bild* zu plädieren. Auch Abhängen ist keine Lösung.

123.
DA SAG ICH MAL NICHTS DAZU

Immer häufiger erlebe ich heterosexuelle Paare, deren Konflikte sich latent in ihrer Kommunikation offenbaren. Meistens läuft es folgendermaßen ab: Einer von beiden, in der Regel die Frau, erzählt eine Geschichte, die gemeinsam erlebt wurde. Noch während sie ihre Version des Geschehens ausbreitet, wird sie von ihrem Partner mit den Worten „Da sag ich mal nichts dazu“ unterbrochen. Aufgrund dieser vielsagenden Standardformulierung, die nichts sagen zu wollen vorgibt, bricht die Authentizität des von der Frau Geschilderten in sich zusammen. Zwar wird ihre Erzählung selbst intakt gelassen, aber doch als eine Version entlarvt, die der Partner ganz und gar nicht unterschreiben möchte. Der Narration der Partnerin ist somit der Wind aus den Segeln genommen, die Autorität des von ihr Gesagten unterhöhlt. Statt mitzuteilen, wie sich die Dinge seiner Meinung nach anders zugetragen haben, gibt ihr der Partner auf eine passiv aggressive Weise zu verstehen, dass er ihre Sicht nicht teilt. Indem er nichts und doch sehr viel sagt, hat er den offenen Streit vermieden. Der Streit verbleibt gewissermaßen im Latenzzustand und doch ist der Dissens zwischen den beiden deutlich spürbar geworden. Nichts zu der Darstellung der Frau zu sagen, signalisiert zudem, dass das von der Partnerin

Erzählte für zu unwesentlich gehalten wird, als dass es eine ausführliche Gegendarstellung verdienen würde. Statt sich auf eine wirkliche Auseinandersetzung mit ihr einzulassen, hat der Partner ein großes Fragezeichen hinter ihre Darstellung gesetzt, was dazu angetan sein könnte, ihre Souveränität zu untergraben. Mir ist ein handfester Streit jedenfalls lieber als das aggressive Innuendo des „Ich sag jetzt mal nichts dazu".

124.
GAP WILL EIN ORIGINAL SEIN

Die Bekleidungsfirma GAP wirbt in London mit dem Spruch „I am original", womit sowohl auf die Tendenz von Marken angespielt wird, sich den Anschein des Produkts eines einmaligen Schöpfers zu geben, als auch auf deren Träger*innen, die ebenfalls zu einem „Original" erklärt werden. Das Nomen „I" spaltet sich hier sowohl in den Bekleidungshersteller als auch in die GAP-Kleidung tragende Person auf. Beide werden als „Originale" bezeichnet, mithin zu etwas Einmaligem und Unverwechselbarem erklärt. Im Grunde ist es das Ideal des originären Kunstwerks, dem sich GAP auf diese Weise (wie zahlreiche andere Marken auch) anzunähern versucht. Die massenindustrielle Herkunft der Klamotten wird zugunsten der Aura eines künstlerischen Originals überspielt. Besonders überraschend fand ich, dass ausgerechnet eine Firma wie GAP Originale hervorbringen will, eine Marke, die eher für die Produktion eines uniformen Looks bekannt ist: praktische, sportliche und tragbare Kleidung für alle. Indem sie sich nun selbst wie auch die Trägerin ihrer Kleidung zum Original erklärt, wird ein radikaler Imagewechsel vorgenommen, der die Kenner*innen dieser Marke aufhorchen lässt. Darüber hinaus erregt GAP mit dem Spruch „I am original" schon dadurch Aufmerksamkeit, dass Marke und Produkt sprachlich miteinander enggeführt werden. Demnach wäre die Firma so originell wie die Leute, die GAP tragen. Angesichts der Normcore-Kleidung, für die diese Marke steht, ist diese Botschaft ziemlich unerwartet.

Womöglich bringt sie einige dazu, ihren Inhalt vor Ort – das heißt in einem der zahlreichen GAP-Geschäfte – zu überprüfen.

125.
OSTERGRÜSSE VON ANGELA MERKEL

Auf Facebook wünscht Angela Merkel ein „gesegnetes Osterfest" und zeigt die Aufnahme eines schönen Osterstraußes, bestehend aus Tulpen in einem satten Orange. Die Kommentare im Thread zu diesen Ostergrüßen zu lesen, ist allerdings schockierend. Denn die Beschimpfungen reißen nicht ab: Merkel hätte „unser Land" in die Misere geführt, indem sie lauter Kriminelle reingelassen habe etc. etc. Man könnte meinen, dass Deutschland kurz vor dem Abgrund und am Rande eines Bürgerkrieges stehe, wenn man diese hassgeladenen Einträge voller rassistischer Phantasmen liest und mit den wenigen vergleicht, die sich um mehr Sachlichkeit und Fairness bemühen. Zwei Fronten stehen unversöhnlich einander gegenüber und es gibt keine Vermittlungsmöglichkeit zwischen ihnen. Die Atmosphäre wirkt, wie sie Siegfried Kracauer für die 1930er Jahre beschreibt, in denen die Menschlichkeit peu à peu verloren gegangen sei. An die Stelle von Menschlichkeit sind auch heute wieder Hass auf den „Fremden" und tiefe Ressentiments gegen Andersheit getreten. Die Geflüchteten werden nur als ein „Problem" angesehen, was in dem Wort Flüchtlings*krise* bereits mitschwingt, und nicht etwa als Hilfesuchende, als Menschen in einer existenziellen Notlage, denen zu helfen selbstverständlich sein sollte. Man müsste sozialpsychologische Studien konsultieren, die erforschen, inwiefern das Netz derartigen Hassausbrüchen Vorschub leistet. Wie konnte dieser eklatante Mangel an Empathie zu einer Grundstimmung werden, die in Deutschland derzeit von vielen geteilt wird? Mehr als sonst machen mich diese Beschimpfungen auf Merkel (und dies obwohl ich ihre Politik keineswegs unterschreibe) wütend, denn in ihnen ist auch eine gehörige Portion Misogynie enthalten, bei Frauen in Machtpositionen fallen die Beleidigung oft besonders persönlich aus und zielen stets unter die Gürtellinie. Der Befund eines „gespaltenen Landes", der zuletzt für die USA oder für Großbritannien in den Medien erhoben wurde, lässt sich inzwischen wohl auch auf die hiesige Situation übertragen.

126.
MACRONS ARRANGEMENT

In der Lifestyle-Presse geht es im Moment vor allem um Emmanuel Macron, der mit einer 25 Jahre älteren Frau – Brigitte Macron – verheiratet ist, die zudem einmal seine Lehrerin war. Nicht nur, dass sie sehr viel älter ist als er, wird als eine Sensation dargestellt, auch dass er einmal ihr Schüler war, verleiht dem Ganzen einen pikanten Zug, denn es impliziert ein früheres Macht- und Abhängigkeitsverhältnis, das im umgekehrten Fall (bei einem älteren Lehrer-Mann) als selbstverständlich hingenommen und keine besondere Reaktion hervorrufen würde. Es hat aber auch eine literarische Qualität, dass Macron bei seiner Frau in die Schule ging. Jedenfalls musste ich unweigerlich an Pierre Klossowskis Roman *Roberte Ce Soir* denken, der um die spielerische Unterwerfung des Mannes unter seine Domina-Frau und diverse Transgressionsfantasien kreist, wobei die Glorifizierung einer „übermächtigen" Roberte in diesem Buch natürlich auch eine latent sexistische Fantasie darstellt. Abwertung und Überhöhung sind häufig zwei Seiten derselben Medaille. In einem Interview erwähnt Macron, seine Frau leide unter den misogynen Kommentaren und Anfeindungen am meisten. Er erinnert auch daran, dass niemand ein Problem damit hätte, wenn ein 64-jähriger Mann mit einer 37-jährigen Frau zusammen wäre, das fänden alle ganz wunderbar. Seine Frau sei die Frau seines Lebens, mit der er außerdem eng zusammenarbeiten würde. In einem anderen Gespräch, das ich auf Youtube entdeckte, versichert er, sie werde für ihre Arbeit nicht bezahlt (wohl in Anspielung auf den Fall Fillon und die illegale Beschäftigung seiner Familienangehörigen).

Man sieht in einem Filmausschnitt, wie Brigitte Macron während einer Arbeitssitzung mit am Verhandlungstisch sitzt, sie ist hier offenbar eine (unbezahlte) Beraterin. In einer anderen Szene übt sie mit ihrem Mann eine Rede ein, kritisiert ihn recht barsch für seine Stimmlage und fordert ihn auf, es besser zu machen. Brigitte Macron scheint die traditionelle Rolle der Frau im Hintergrund zu spielen, die ihren Mann formt und zu Höchstleistungen animiert, aber für diese Arbeit nicht honoriert wird. Obwohl Macron Sensibilität für die sexistische Wahrnehmung älterer Frauen an den Tag legt, hat er doch zugleich für eine patriarchale Struktur in seiner Ehe optiert, bei der der Mann über Status und gesellschaftliche Anerkennung verfügt, während die Frau im Hintergrund die Fäden zieht. Sie kann sich zwar an seinen Erfolgen erfreuen, zu denen sie selbst nicht unerheblich, jedoch ohne Vergütung beiträgt, aber sie erfährt keine offizielle Anerkennung für ihre Arbeit und ist zudem noch finanziell von ihrem Mann abhängig, der ihr das von ihr derzeit geführte Leben materiell ermöglicht.

127.
MARKTERFOLG UND ILLOYALITÄT

Setzt der Markterfolg ein, verbunden mit gestiegener institutioneller Anerkennung, wird oft alles anders. Immer wieder habe ich jedenfalls beobachten können, dass vor allem einige jener Künstler*innen, um deren Arbeiten sich plötzlich alle reißen, ihre früheren Formen der Selbstkritik und des produktiven Selbstzweifels über Bord werfen. Sie wähnen sich nun grundsätzlich im Recht, weil ihnen der Markt (und/oder die Kunstinstitutionen) Recht zu geben scheinen. Widerspruch wird kaum mehr geduldet, mehr noch, Leute, die berechtigte Einwände gegen ihre Praxis erheben könnten, werden tunlichst gemieden. Stattdessen richtet sich dieser Typus der endlich zu Markterfolg gekommenen Künstler*in in einer erstaunlich selbstsicheren Position ein. Auch bei einigen weiblichen Künstlern meiner Generation konnte ich beobachten, wie sie im Zuge ihre Aufnahme in die patriarchalen

Strukturen des Kunstmarkts ihren vormaligen Mitstreiter*innen* die Loyalität aufkündigten. In dem Moment, wo sie die Unterstützung ihrer weiblichen Kollegen nicht mehr dringend benötigten, orientierten sie sich primär an denjenigen markterfolgreichen männlichen Künstlern, deren Platz sie ohnehin anstrebten. Es ist nicht etwa eine andere Form des Erfolgs, sondern der Erfolg der Männer, den zahlreiche Künstler*innen* (vielleicht sogar verständlicherweise) haben wollen. Diejenigen, die sie auf dem langen Weg nach oben unterstützt haben, lassen sie dabei häufig hinter sich. Womöglich möchten sie nicht daran erinnert werden, dass es einmal Zeiten gab, in denen es gar nicht gut lief und sie tatsächlich auf den Support durch solidarische Kolleginnen angewiesen waren. Letztere sehen sich innerhalb eines solchen Szenarios auf die hinteren Ränge in einem System verwiesen, das den Markterfolg zum wesentlichen Kriterium für „Bedeutung" erklärt. Während dieser Typus der markterfolgreichen Künstlerin zuvor gemeinsam mit ihren Mitstreiterinnen durchaus allergisch auf die subtilen Sexismen des Kunstmarkts reagierte, hat sie jetzt, wo sie einigermaßen fest im Sattel sitzt, keine Antennen mehr dafür. Da sich dieses System zu ihren Gunsten ausgewirkt hat, gibt es für sie keinen Grund mehr, es anzuprangern. Bevorzugt umgibt sich die Künstlerin nun mit reichen Leuten aus der VIP-Szene. Dass sie ihre ehemaligen Freundinnen mit einem solchen Verhalten vor den Kopf stößt, registriert sie schon gar nicht mehr. Aus ihrer Sicht erhält sie jetzt den wohlverdienten Lohn für jahrelange Arbeit, eine Genugtuung, die sie sich von niemandem nehmen lassen will. Mit zunehmendem Markterfolg zeigt sich eigentlich immer das wahre Gesicht der Künstler*innen. Es gibt jene, die Markterfolg tatsächlich mit der symbolischen Bedeutung ihrer Arbeit verwechseln und jene, die sich über den arbiträren Charakter ihres Erfolgs im Klaren sind und weder sich selbst noch ihre Kunst zu wichtig nehmen. Letztere sind mir natürlich lieber, aber sie sind auch zunehmend rar gesät.

128.
ATTRAKTIVE GALERIEMITARBEITER*INNEN

In New York, aber mittlerweile auch in Berlin kann man beobachten, dass das Kriterium des „guten Aussehens" für die Einstellung in einer Galerie immer wichtiger wird. Vor allem jene zumeist weiblichen Mitarbeiter*innen, die für alle Besucher*innen sichtbar im Empfangsbereich arbeiten, entsprechen häufig den aktuellen Attraktivitätskriterien. Sie sind nicht nur sehr gutaussehend, sondern strahlen auch, je nach Galerieprofil, ein gewisses Maß an Sexiness oder Hipness aus. Wie erklärt sich die wachsende Bedeutung dieser Faktoren? Ich denke, Galerien wollen ihr sicheres Händchen in ästhetischen Fragen auch auf der Ebene ihres Personals signalisieren. Nach dem Motto: „Indem wir unsere Mitarbeiter*innen mit Bedacht, auch nach ästhetischen Gesichtspunkten, auswählen, demonstrieren wir unsere Geschmackssicherheit in künstlerischer Hinsicht." Wie die ausgestellten Arbeiten, sollen auch die Mitarbeiter*innen eine gute Figur machen. Es wird also implizit davon ausgegangen, dass sich die Attraktivität der Galeriemitarbeiter*innen metonymisch auf die gezeigten Objekte überträgt. Auf diese Weise wird den Besucher*innen und – mehr noch – den Sammler*innen ein rundum angenehmes ästhetisches Erlebnis verschafft, sodass sie sich in jeder Hinsicht gut aufgehoben fühlen. Oft können männliche Sammler, die gerade Single sind, bei ihren Galeriebesuchen zwei Fliegen mit einer Klappe schlagen. Ihnen wird nicht nur der Kauf eines Kunstwerks ermöglicht, sondern sie kommen auch in Kontakt mit jungen, attraktiven Frauen, mit denen sie nicht selten eine Beziehung eingehen. Im Kunstbetrieb gibt es zahlreiche Paare, die sich auf diese Weise gefunden haben. Für die Galeriemitarbeiter*innen* ist ihr Zusammenkommen mit einem finanziell potenten, männlichen Sammler häufig mit einem sozialen Aufstieg verbunden. Sie können jetzt das Luxusleben führen, das sie bislang nur aus der Außenperspektive kannten. Wo sie dem Sammler zuvor ihre Dienstleistungen angeboten haben, sind sie jetzt selbst in seine

Klasse aufgestiegen und verbleiben doch, gleichsam auf einer höheren Ebene, in dem Kunstmilieu, das sie ohnehin interessiert und in dem sie berufliche Ambitionen heg(t)en. Es handelt sich folglich um eine Win-win-Situation für alle Beteiligten: Auf Seiten der Galerie wird von der attraktiven Mitarbeiterin ebenso profitiert wie auf Seiten des sich mit ihr schmückenden Sammlers. Nur die Galeriemitarbeiterin selbst hat ihren sozialen Aufstieg unter Umständen mit finanzieller Abhängigkeit bezahlt, was auf lange Sicht zu einem Problem für sie werden kann.

129.
ÖKONOMIE DER BEREICHERUNG

Die Soziologen Luc Boltanski und Arnaud Esquerre haben Recht, wenn sie in ihrem neuen Buch *Bereicherung. Eine Kritik der Ware* eine „Ökonomie der Bereicherung" diagnostizieren, die primär darauf ziele, die Waren mit Geschichten, Persönlichkeit oder Singularität anzureichern, was sie aus der Masse der Industrieprodukte heraushebe und ihren hohen Preis (scheinbar) rechtfertige. Besonders interessant ist aus ästhetischer Perspektive ihre Beobachtung, dass sich diese neue Ökonomie am Ideal des Kunstwerk-Unikats orientiert, das ja ebenfalls einem singulären Schöpfer zugerechnet und von Legenden über diesen flankiert wird. Sie führen zudem den Nachweis der Abwendung zahlreicher Produktionszweige vom Modell der billigen Massenproduktion, um ihren Erzeugnissen wie Wein oder Messern den Anstrich von Unikaten zu geben, die mit viel Liebe und handwerklicher Sorgfalt hergestellt wurden. Diese Anreicherung von Produkten mit Bedeutung zielt ihnen zufolge darauf, ihre industriell-anonyme Herkunft zu verbergen, etwa, indem sie individualisiert und einem Urheber wie Louis Vuitton zugerechnet werden, der für ihre Qualität bürgt. Dass sich diese Ökonomie der Bereicherung (zumal in Frankreich) verstärkt auf die Produktion von Luxusgütern konzentriert, führen sie auch auf die Zunahme von Reichtum zurück, insofern als sich die Schicht der Reichen und Superreichen in den letzten Jahren vermehrt habe, würde sie von der Wirtschaft verstärkt als Zielgruppe anvisiert. Mehr noch, auch diejenigen, die kein Geld hätten, würden von der Luxusindustrie (etwa in Lifestyle-Magazinen oder Luxusbeilagen der Zeitschriften) so angesprochen, als würden sie viel Geld ausgeben können. Das ist eine sehr treffende Beobachtung, denn als Leserin einer Modezeitschrift wie der *Vogue* wird man so adressiert, als könne man sich die teuren Designerklamotten leisten. Man wird von Fotostrecken und Editorials in einen mentalen Zustand versetzt, in dem man sich für reicher hält als man (in den meisten Fällen) eigentlich ist. Was Boltanski/Esquerre allerdings nicht erwähnen, ist die Tatsache, dass es die Luxusaccessoires selbst sind – als Beispiel könnte man hier auf die neue Gabrielle-Tasche von Chanel verweisen – die ihrer Trägerin durchaus das Gefühl von Wohlstand vermitteln können. Diese Tasche mit sich zu führen, verspricht einen souveränen Auftritt, weil die Trägerin sich den herrschenden Klassen zugehörig wähnen darf, auch wenn sie in Wahrheit jahrelang auf diese Tasche gespart hat und dafür zahlreiche Entbehrungen in Kauf nehmen musste. Dass viele Luxusprodukte selbst diesen Effekt haben und ihren Besitzer*innen ein imaginäres Gefühl von Reichtum und Sicherheit vermitteln, wird in diesem Buch nicht erwähnt. Ein größeres Problem sehe ich allerdings in der Frage des Wertes, die in ihm ohne Bezug auf die Arbeit verhandelt wird. Wert ist für Boltanski/Esquere etwas, das den Preis rechtfertigen oder in Frage stellen kann. Der Wert wird also funktional nur als Rechtfertigung des Preises bestimmt und nicht als etwas durch Arbeit Fundiertes. Die Arbeit an dieser Stelle ungenannt zu lassen, verleiht ihrer Werttheorie einen tendenziell unpolitischen Zug. Denn schließlich ist es die Arbeit, die dem Wert zugrunde liegt und von der der Wert zugleich abstrahiert, wie Marx überzeugend dargelegt hat. Von dessen Arbeitswerttheorie haben sich Boltanski/Esquerre allerdings vollständig distanziert, in der Einleitung geben sie bekannt, dass sie diese Form der Kritik nicht weiterführen wollen. Den fundamentalen Zusammenhang zwischen Wertproduktion und Arbeit auf diese Weise auszublenden, halte ich jedoch für ein Versäumnis.

130.
PAPAS GEBURTSTAG

Heute wäre mein Vater 88 geworden. Es fiel mir zuerst schwer, das nachzurechnen, weil ich annahm, es wären nur 87 Jahre. Beim Nachrechnen wurde mir klar, dass er schon länger tot ist als ich dachte. Je höher diese Zahl seines fiktiven, weil posthumen Alters steigt, desto bereitwilliger räume ich die Unwahrscheinlichkeit ein, dass er so alt geworden wäre; er war einfach nicht vital genug, um so lange durchzuhalten. Irgendwann wird der Zeitpunkt kommen, an dem er theoretisch 97 Jahre alt geworden wäre und dann werde ich mich wahrscheinlich gänzlich geschlagen geben und seinen Tod als eine absolute Notwendigkeit akzeptieren, als etwas, das sich einfach nicht verhindern ließ. Das innerliche Aufbegehren dagegen ist tatsächlich von Jahr zu Jahr weniger ausgeprägt. Es ist allerdings nicht so, dass ich mich an seine Abwesenheit gewöhnt hätte, ich empfinde es immer noch als extrem schmerzhaft und inakzeptabel, nicht mit ihm sprechen und bestimmte Dinge endlich klären zu können. Ich weiß aber auch, dass er, würde er heute noch leben, in keinem guten körperlichen Zustand wäre. Schon mit 83 hatte er einen ersten leichten Schlaganfall, den er uns allerdings verheimlichte. Rückblickend denke ich, er war schon damals völlig erschöpft und konnte nicht mehr. Trotzdem quälte er sich damit, immer weiterzuarbeiten, um sein längst zerfallenes Imperium irgendwie zusammenzuhalten und zu retten, was zu retten war. Ich spüre oft seinen wohlwollenden Blick auf mir, dennoch ist er mir weniger nah als meine verstorbene Mutter, die mir gelegentlich beruhigende und liebevoll unterstützende Worte zuzuflüstern scheint. Wenn ich an ihren Tod denke, an den fehlenden Abschied von ihr, zieht sich mein Körper immer noch voller Schmerz zusammen, während ich bei meinem Vater nun in eine Phase der resignierten Akzeptanz hinübergleite. Er ist weiter weggerückt, was vielleicht auch daran liegt, dass mein Verhältnis zu ihm – aufgrund seiner Abwesenheit und projektionsbedingt viel intensiver als zu meiner Mutter – nach seinem Tod, vor allem wegen seines unsäglichen Testaments, eher zwiespältig wurde. Ich wünsche ihm dennoch, dass er trotz der Verheerungen, die er mit seinem Nachlass bei uns Kindern angerichtet hat – er traumatisierte uns nach seinem Tod ein weiteres Mal – in einen ruhigen, entspannten Zustand hinübergeglitten und jetzt von allem erlöst ist. Tot zu sein bedeutet schließlich in jedem Fall, den Strapazen und dem Druck des weltlichen Lebens entkommen zu sein. Vielleicht gibt es sogar eine posthume Existenzform, die es meinem Vater erlaubt, sich von seinen letzten grausamen Monaten in Agonie zu erholen – in welcher Form auch immer.

131.
ROTFUNK

Ich lese die Autobiografie von Henning Venske, der in den 1970er Jahren eine Art Mentor für mich war. Er moderierte damals beim NDR das *Programm für Kinder*, bei dem meine Schwester Béatrice und ich als Kinder mitwirkten. Mit Venske trat zum ersten Mal der Typus des männlichen, linken Bohemiens, der unerschrocken die Verhältnisse brandmarkt, in mein Leben. In den bürgerlichen Elbvororten, wo ich aufwuchs, hatte ich solche Männer noch nie gesehen. Ich war besonders fasziniert von seiner rotzigen Aufmüpfigkeit, denn er war ausgesprochen frech und sprach wie aus der Pistole geschossen. Seine Kritik war zwar alles andere als subtil, aber er vermittelte mir ein erstes Bewusstsein für die Ungerechtigkeiten und Machtverhältnisse in unserer Gesellschaft, die ich zunehmend auch in meinem eigenen Milieu registrierte. Er war Kettenraucher, sodass das Aufnahmestudio, in dem wir mit ihm saßen, stets wie in Nebel gehüllt war – heute wäre eine solche Situation des erzwungenen Passivrauchens von Minderjährigen undenkbar. Zudem legte er, typisch für die linken Männer der damaligen Zeit, ein ausgesprochen sexistisches Verhalten an den Tag. Frauen waren für ihn keine ebenbürtigen Partnerinnen, sondern andere Wesen.

Dieses Insistieren auf der Andersheit von Frauen äußerte sich auch in dem Spitznamen, den er mir damals gab: „Emanziputzi". In „Emanziputzi" klingt an, dass er weder die Forderungen der Frauenbewegung, noch das „putzige" und auf Gleichberechtigung insistierende Mädchen neben sich im Aufnahmestudio ernst nahm. Dennoch verdanke ich ihm viel – etwa den Einblick (er lebte damals in einer WG) in andere als bürgerliche Lebensformen. Er ermutigte uns auch darin, die Dinge stets beim Namen zu nennen, auch wenn wir sie in ihrer Komplexität noch gar nicht durchschauten. Der Verzicht auf eine gesellschaftstheoretische Perspektive wirkt sich in seinem Buch allerdings eher negativ aus, es wirkt ein wenig strukturlos und extrem sprunghaft. Zahlreiche Gedanken werden nur flüchtig angerissen und nicht ausformuliert, er bleibt nie bei einem Thema. Ich überlege trotzdem, ihn einmal zu besuchen, falls er sich überhaupt noch an mich erinnert, denn bei den Kindern in dem Kapitel über seine Zeit beim „Rotfunk" wird mein Name nicht erwähnt.

132.
MERLIN CARPENTER: *BUSINESS WOMEN*

Einmal mehr hat Merlin Carpenter mit der Ausstellung *Business Women* in der Galerie Neu (13. Juni bis 11. August 2017) eine Kontroverse ausgelöst, so wurde es mir jedenfalls berichtet. In der Berliner Kunstszene wird derzeit darüber gestritten, wie seine neuen Bilder einzuschätzen und zu bewerten sind. Innerhalb dieser Diskussionen nehme ich gewöhnlich die Rolle einer Parteigängerin ein, die seine Praxis (für die meisten wahrscheinlich vorhersehbarer) *verteidigt*. Wobei ich bei dieser Gelegenheit aber festhalten möchte: Seine Arbeit überzeugt mich nicht blind. Im Gegenteil, jedes seiner neuen Projekte fordert mich heraus und kann mich durchaus verärgern, doch je länger ich dann darüber nachdenke, desto gelungener und vielschichtiger erscheinen sie mir. Dass wir befreundet sind und dass ich mich für den Verkauf seiner Arbeiten eingesetzt habe, wird auch gerne als Zeichen meiner mangelnden Unabhängigkeit (oder Korrumpierbarkeit?) gelesen. Nur ist die Vorstellung von einer gänzlich unabhängigen Kritikerin meines Erachtens immer schon eine Fiktion gewesen. So wie die Kritiker*innen des 18. Jahrhunderts ist auch heute so gut wie jede/jeder mit ihrem/seinem Gegenstand befreundet, nimmt Rücksicht oder leistet Freundschaftsdienste. Dies muss jedoch nicht notwendigerweise bedeuten, dass begründete Einwände aus einer Position der relativen Distanz heraus nicht mehr erfolgen würden. Kritik kann eine Arbeit der Differenzierung und Bewertung auch unter der Bedingung von Teilhabe leisten. Aber zurück zu Merlins Ausstellung, schon an ihrem Titel scheiden sich die Geister, weil *Business Women* das Bild vielbeschäftigter und karriereorientierter Geschäftsfrauen aufruft. Auf den Bildern hingegen ist eine Serie von sexy aussehenden Frauen in Rückenansicht vor dem Spiegel zu sehen, wobei sie in ihrem Spiegelbild immer denselben Mann im Anzug erblicken. Die Suche nach „Business" oder „Power" in diesen weiblichen Figuren läuft hier offenkundig auf etwas immer Gleiches und Austauschbares hinaus und es ist eine männliche Figur, die diese Austauschbarkeit des Begehrten repräsentiert, deren queere Anmutung ein Moment von Individualität und Differenz in die Gleichförmigkeit dieser Business-Szenen hineinträgt. Das vom Ausstellungstitel insinuierte Selbstverständnis der Frauen als *Business Women* erweist sich als ein von Projektionen geprägtes Spiegelverhältnis. Was wir zu sein (oder zu sehen) glauben, ist auch eine Fantasiekonstruktion und damit nichts Essenzielles oder Substanzielles. Doch es sind eben die weiblichen Figuren in diesen Bildern, die einen Großteil des Bildraums für sich beanspruchen, während die immer gleiche männliche Figur nur als Reflexion ihres Blickes in Erscheinung tritt. Dieser Mann ist offenkundig ein Phantasma. Nun sind diese Bilder, auf eine etwas vordergründige Weise, wie ich finde, häufig dafür kritisiert worden, dass in ihnen die weiblichen Figuren einmal mehr zum passiven Objekt eines männlichen Begehrens degradiert würden, während der männlichen Figur die Position desjenigen zukäme, der den souveränen Blick für sich gepachtet hat. So viel ist richtig an diesem

Vorwurf. Die männliche Figur steht hier stellvertretend für ihren (männlichen) Urheber und dessen Privilegien. Denn sie ist es schließlich, die die Betrachter*innen unmittelbar anvisiert, wohingegen der Blick der weiblichen Figuren auf ihr Spiegelbild fixiert bleibt. Formal steckt viel von Carpenters früheren Model-Bildern in diesen Gemälden, daher sind sie auch als Allegorie auf den unmittelbar mit seinen Gegenständen identifizierten Narziss-Maler zu lesen. Carpenter macht also keinen Hehl aus seiner kompromittierten Position des männlichen Künstlers, der Bilder von attraktiven weiblichen Figuren produziert. Aber statt eine höhergestellte Position für sich zu reklamieren, werden beide – der Künstler-Stellvertreter und sein Sujet – in diesen Bildern in ein komplexes projektives Wechselverhältnis gesetzt. Ich würde sogar noch weiter gehen und argumentieren, dass es die als Akteurinnen in Erscheinung tretenden weiblichen Figuren dieser Boudoir-Szenen sind, die hier über eine symbolische Handlungsmacht verfügen. Sie sind es schließlich, die, obwohl selbst verführerisch und in Dessous dargestellt, den begehrten Mann im Businessanzug auf den Platz eines Spiegelbildes, mithin auf den Platz eines medial vermittelten Trugbildes verweisen. Sie sind also nicht nur passives Objekt der Betrachtung, sondern eben auch aktiv projizierende Subjekte. Zudem führt es auf Dauer nur begrenzt weiter, wenn man sich allein auf das in diesen Bildern Dargestellte konzentriert. Ihre Malweise sendet meiner Meinung nach deutliche Signale aus, dass ihr Inhalt nicht wörtlich genommen werden darf, er steht gewissermaßen in Anführungszeichen. Malerische Details wie der eigentümlich deplatziert wirkende orange Schatten eines Hinterteils, vermitteln uns überdeutlich, dass diese Bilder von Fotos (und deren Beleuchtung) abgemalt wurden. Formal erinnern sie auch aufgrund ihres seriellen Charakters an ein Foto-Shooting, so als solle einmal mehr die medientheoretische Einsicht demonstriert werden, dass sich das Wesen des einen Mediums (Malerei) im anderen (der Fotografie) findet. In farblicher Hinsicht weisen diese Bilder eine Art Instagram-Ästhetik auf, in der die aktuellen Bedingungen der digitalen Ökonomie, in der sie zirkulieren, ebenfalls verhandelt wird. Sie leisten folglich Vieles zugleich, ohne auf eine eindimensionale Weise etwas zu „bedeuten", was mich bei jeder Begegnung mit ihnen aufs Neue begeistert.

133.
AUSSTELLUNGSTITEL IM IMPERATIV

In letzter Zeit gab es zahlreiche Ausstellungstitel im Imperativ, angefangen von Isa Genzkens *Mach Dich hübsch!* bis hin zu Juergen Tellers *Enjoy your life!* Beide Ausstellungen haben (vielleicht kein Zufall?) im Gropius-Bau stattgefunden. Während Genzkens *Mach Dich hübsch!* eine Aufforderung der repressiven 1950er Jahre aufgreift, mit der vor allem Mädchen nahegelegt wurde, sich für besondere Gelegenheiten „hübsch" zu machen, klingen in Tellers *Enjoy-your-life*-Postulat die aktuelle Ratgeberkultur oder Werbesprüche von Sportartikelfirmen wie Adidas an, die zu einem bewussteren und genussorientierteren Leben animieren. Warum sind es jedoch bildende Künstler*innen, die uns derartige Direktiven zurufen, die schließlich unmittelbar auf unsere private Lebensführung zielen? Im Vergleich zu den historischen Avantgarden, die eine Brücke zwischen Kunst und Leben zu schlagen versuchten, gehen die Ausstellungstitel von Genzken und Teller einen Schritt weiter: Es geht nicht mehr nur darum, Kunst in „Lebenspraxis" zu überführen, sondern auch darum, auf diese Lebenspraxis Einfluss zu nehmen. Die Künstler*innen bedienen sich, allerdings auf ironisch-gebrochene Weise, der Sprache von Life-Coaches, die ihren Kund*innen (respektive den Ausstellungsbesucher*innen) nahelegen, ihr Leben auf andere Weise zu führen. Dieser Versuch, auf die Gesinnung des Publikums zuzugreifen, gleicht einer Mimesis an die Ratgeberkultur. Ein weiterer Effekt solcher Ausstellungstitel mit Aufforderungscharakter scheint mir darin zu bestehen, dass die Ausstellung selbst zugänglicher wirkt, durch die direkte Ansprache des Publikums fühlen sich alle angesprochen. Statt sich also in erster Linie an Insider*innen zu richten, machen diese Ausstellungen schon in ihren Titeln einen Popularitätsanspruch deutlich.

134.
RENÉ MAGRITTES FILM *LE MARCHAND D'ART*, 1957

Gleich zu Beginn dieses Films, den René Magritte zum Zeitpunkt erster ökonomischer Erfolge mithilfe einer eigens angeschafften Filmkamera drehte, legt sich der Schatten des Händlers über ein kurz eingeblendetes Gemälde. Malerei und der Handel mit ihr werden von Anfang an visuell miteinander verknüpft. Rauchend und mit jenem Melonenhut auf dem Kopf, den Magritte oft in der plakativen Bildsprache seiner Gemälde verwendet, tritt in diesem Film die Figur des Händlers zusammen mit männlichen Sammlern (gespielt von Magrittes Freunden) auf. Zahlreiche Gemälde werden hereingetragen und dem Sammler wie Waren offeriert, was den mobilen Charakter des Leinwandbildes immer wieder aufs Neue offenbart. Das genervte Abwinken des Sammlers beim Anblick kleiner Formate demonstriert auf überzogen-unterhaltsame Weise deren geringeren Marktwert. Mit wortreichen Gesten wird zudem demonstriert, dass der Verkauf von gemalten Bildern intensive Gespräche über sie voraussetzt. Das Szenario ist dabei stark gegendert, denn neben dem männlichen Galeristen tritt seine Assistentin (gespielt von Magrittes Frau Georgette Magritte) auf, welche die Bilder wie ein Mannequin vorführt. In der letzten Szene schiebt sie ein Bild vor ihren Körper, wodurch er mit der Körperlichkeit des gemalten Bildes zusammenzufallen scheint. Die schon in der frühen Neuzeit verbreitete Allegorie von der Malerei als einer anbetungswürdigen Frau wird hier zugleich aktualisiert und ironisch überzeichnet.

135.
YOGA ALS VEREINZELUNGSSPORT?

Kürzlich hat Helene Hegemann dem *Spiegel* ein Interview gegeben, in dem sie die Aufspaltung ihres weiblichen Umfeldes konstatiert. Auf der einen Seite wären jene jungen Frauen, die einfach unbeirrt ihr Ding machten und sich nicht darum kümmerten, was die Männer von ihnen halten, auf der anderen Seite wären jene, die sich fit für den Heiratsmarkt machten und alles dafür täten, um den Männern zu gefallen. Letztere Gruppe wird von ihr durch „tägliches Yoga" charakterisiert, das diese Frauen zwecks körperlicher Maintenance praktizierten. Ergänzend fügt Hegemann hinzu, dass sie Yoga ausgesprochen unsympathisch fände, weil es ein Sport der Vereinzelung sei. Ihre Diagnose einer in zwei gegensätzliche Pole aufgespaltenen Frauenwelt teile ich nicht. Zwar habe ich im schulischen Umfeld meiner Tochter durchaus beobachten können, dass sich zwischen den zielstrebig ihr Ding machenden Mädchen und jenen, die primär den Jungen gefallen wollen, oft ein Graben auftut, aber natürlich gibt es auch Zwischenformen, also Mädchen, die ehrgeizig sind *und* gefallen möchten. Nicht nur den Jungen, sondern auch den anderen Mädchen und sich selbst, weshalb sie ihr Äußeres pflegen und sich sorgfältig stylen. Unter den Frauen, die Yoga machen, sind selbstredend auch beruflich ambitionierte und finanziell unabhängige Frauen zu finden und nicht nur „Weibchen". Hegemanns Darstellung des Yoga als Vereinzelungssport scheint mir auch grob vereinfachend, denn Yoga ist ja auch die Spannung zwischen dem „für sich auf der Matte sein" und dem Zusammensein mit anderen in einem Raum, mit denen man in einen unmittelbaren Energieaustausch treten soll. Jede/jeder macht ihre/seine Praxis für sich, ist aber auch in eine Yogagemeinschaft eingebunden, die sie/ihn motiviert und mitzieht. Es ist just dieses Wechselverhältnis aus konzentrierter Körperarbeit und Austausch mit einer Gemeinschaft, das für mich den Reiz des Yogas ausmacht. Deshalb breite ich ungern meine Matte alleine zuhause aus, mir fehlt dort der Ansporn und der Groove.

136.
KOHLS SÖHNE

Das traurige Spektakel um die Söhne von Helmut Kohl, die von seiner zweiten Frau (angeblich) davon abgehalten wurden, das Haus zu betreten, um ihren toten

Vater noch einmal zu sehen, hat mich, zugegebenermaßen, ein wenig aufgewühlt, denn es gibt bei allen Differenzen zahlreiche strukturelle Parallelen zu unserer Familiengeschichte. Kohl könnte man wie meinen Vater als Kriegskind mit posttraumatischer Belastungsstörung charakterisieren (Kohl verlor seinen Bruder im Zweiten Weltkrieg, der jüngere Bruder meines Vaters starb „auf der Flucht"). In seinem Buch beschreibt Walter Kohl, wie sein Vater als Patriarch innerhalb der Familie mit großer Kälte agierte, um nach dem Selbstmord seiner ersten Frau Hannelore eine weitaus jüngere Frau zu heiraten, mit der ihn womöglich schon eine langjährige Affäre verband. So wie unser Vater nur drei Monate nach der Scheidung heimlich seine sehr viel jüngere Geliebte geheiratet hatte, fand auch Kohls Hochzeit seinem Sohn zufolge unter Ausschluss der Kinder statt, die nicht über dieses Ereignis informiert wurden. Er stellt es so dar, als hätte diese junge Frau ihren Mann seiner Familie zu entfremden versucht, von der sie sich nicht anerkannt fühlte. So war es auch bei uns, nur kam es nicht, wie bei den Kohls, zu Lebzeiten zum endgültigen Zerwürfnis, erst der Tod meines Vaters ließ die Konflikte so deutlich zutage treten, dass wir den Kontakt zu seiner Frau abbrechen mussten, was ich seither, nebenbei bemerkt, als eine große Erleichterung empfinde. In der Berichterstattung über das Kohl-Drama gibt es die Tendenz, sich ausschließlich negativ auf die Kohl-Witwe zu fixieren, statt Helmut Kohl selbst für die Zerrüttung seiner Familie verantwortlich zu machen. Schließlich war er es, der seine Söhne mit einer neuen, jungen Frau konfrontierte und sich ohne Weiteres von ihnen lossagte und ihnen damit das Gefühl gab, dass sie nicht zählen würden. Die Rolle der Mitwirkenden in diesem traurigen Stück scheint vorgegeben, es gibt kein Entrinnen aus einer Struktur, in der sich vor allem das Verhalten der Väter als unfassbar stur und emotional unfähig erweist. Zweifellos werden auch die Kohl-Söhne wie wir um ihren Pflichtteil kämpfen müssen, um am Ende beinahe leer auszugehen. Der große Unterschied zwischen ihnen und uns ist allerdings der, dass wir *trotz allem* einen engen Kontakt zu unserem Vater pflegten. Wir haben die neue Frau an seiner Seite jahrelang ertragen, wir haben auch dann nicht mit ihr gebrochen, als sie unseren todkranken Vater im Krankenhaus hängen ließ. Rückblickend denke ich, wir hätten schon zu diesem Zeitpunkt den Bruch mit ihr vollziehen müssen, was meinem Vater vielleicht gar nicht so unrecht gewesen wäre. Aber es war ohnehin zu spät, denn er hatte sie zuvor mit diversen Vollmachten ausgestattet, was uns vollständig handlungsunfähig machte. Der entscheidende Unterschied zu Kohl ist womöglich auch der, dass unser Vater uns auf dem Totenbett signalisierte, eine Änderung in seinem Testament vornehmen zu wollen, was ihm deshalb nicht gelang, weil er nicht mehr „geschäftsfähig" war, wie es damals so unbarmherzig hieß. Er konnte nämlich weder sprechen, noch mit seinem Namen unterzeichnen. Wir können uns von daher gar nicht so sicher sein, dass er wirklich ein schwerwiegendes Versäumnis wieder gutmachen wollte. Er konnte seinen letzten Willen nämlich nicht mehr artikulieren.

137.
DIE LINKE MUSS NICHT „MEMEN"

In der Juni-Ausgabe von *Texte zur Kunst* (*die neue neue Linke*, 2017) argumentiert Matt Goerzen in einem Essay, dass die Linke „memen" müsse, dass sie diese digitale Technik also den Rechten entwenden und für ihre eigenen Zwecke nutzen müsse. Das heißt, auch Linke sollten versuchen, Stimmungen via Netzbotschaften zu beeinflussen, indem sie kurze eindringliche News formulieren, die das Meinungsklima zu ihren Gunsten verändern.
Je mehr ich über diesen Vorschlag nachdenke, desto problematischer erscheint er mir. Zunächst einmal zeugt er vom alten Pathos der Subversion, der an die Möglichkeit einer Übernahme der Taktiken des Gegners mit dem Ziel ihrer Unterwanderung glaubt. Dies läuft auf eine voluntaristische Überschätzung des handelnden Subjekts ebenso hinaus, wie auf eine Unterschätzung der Macht gesellschaftlicher (und in diesem Fall digitaler) Strukturen. Man kann ein System nicht überlisten, indem man dessen Methoden übernimmt. Ich glaube darüber hinaus

auch nicht, dass eine Zeitschrift wie *Texte zur Kunst* ihre Beiträge formal den Netznotwendigkeiten anpassen sollte, was – konsequent zu Ende gedacht – auf Twitter-Botschaften hinauslaufen würde. Meiner Ansicht nach ist es das Gegenteil, was wir gerade mit Blick auf die zahlreichen Schnellschüsse im Netz leisten müssen: substanzielle (und gründlich erarbeitete) Texte mit theoretischem Anspruch, die mit Ruhe und teilhabender Distanz zu den Ereignissen geschrieben wurden. Dabei können natürlich auch neue Formate entwickelt werden, so wie es schon Kracauer, Walter Benjamin oder Adorno (damals ausschließlich Männer) in den 1930er Jahren versucht haben, wenn sie in die Phänomene selbst einzudringen versuchten, um sie mithilfe eines gesellschaftstheoretischen Ansatzes einzuordnen. Oft hatten die so entstandenen Texte einen fragmentarischen und aus heutiger Sicht durchaus netzkompatiblen Charakter, blieben dabei jedoch auf den Stand des damaligen linken, theoretischen Denkens bezogen, das sie weitertrieben. Auch heute könnte man ein vergleichbares Projekt mit einer Gruppe von mehr oder weniger Gleichgesinnten anstoßen, die sich trotz ihres grundlegenden Einverständnisses natürlich auch streiten und miteinander rivalisieren würden. Es müsste jedoch von Anfang an Einigkeit darüber bestehen, dass man in formaler Hinsicht nicht die Netzgepflogenheiten adaptiert, sondern theoretisch stringente Texte schreibt, die auch in anderen technologischen Formaten (wie etwa in Büchern) funktionieren würden.

138.
FÜHRERSCHEIN MIT 54

Es ist ein Alptraum. Schon Stunden vor der Fahrstunde befällt mich ein mulmiges Gefühl, das sich in der Magengegend ausbreitet. Der Name für dieses Gefühl ist Angst. Wohl oder übel finde ich mich wenig später am Steuer eines aus meiner Sicht *riesigen* Autos wieder, dessen Mechanik mir ein Rätsel bleibt. Gestern hat mich mein (sehr netter und geduldiger) Fahrlehrer Dieter dazu aufgefordert, rückwärts zu fahren und dabei in den Rückspiegel zu schauen. Den Raum, der sich mir in diesem Spiegel zeigte, vermochte ich nicht wirklich einzuordnen, geschweige denn mit dem tatsächlichen Raum hinter mir in Verbindung zu bringen. Was ich im Rückspiegel sah, blieb mir hoffnungslos abstrakt, der suchende Blick trug eher noch zu meiner Desorientierung bei, sodass ich irgendwann gar nicht mehr wusste, wo ich mich eigentlich mit dem Wagen befand. Auch die Frage meines Lehrers, ob und wann die Räder des Autos geradestehen würden, vermochte ich nicht zu beantworten. Ihre Verbindung zum Lenkrad war mir nicht unmittelbar einsichtig, sie schienen mir sehr weit weg zu sein. Angesichts dieses Debakels sehe ich schon unzählige (mindestens sechzig) Fahrstunden auf mich zukommen, die ich in zunehmender Verzweiflung absolvieren werde. Offen gestanden macht mir auch die Aussicht auf die theoretische Prüfung zu schaffen, denn je länger ich über die gestellten Fragen nachdenke, desto unmöglicher scheint es mir, sie mit Sicherheit beantworten zu können. Dieser Führerschein stellt eine der größten Herausforderungen meines Lebens dar, zumal mir jedes Talent dafür fehlt. Aus gutem Grund habe ich die Sache wahrscheinlich so lange hinausgezögert – ich muss schon als junge Frau geahnt haben, dass es eine demütigende Erfahrung werden würde. Trotz meiner gelegentlichen Panikattacken angesichts der harschen Umgangsformen im Berliner Straßenverkehr bin ich dennoch fest entschlossen, eines Tages mit einem eigenen Auto einfach loszufahren und dabei Ziele anzusteuern, die sich mit öffentlichen Verkehrsmitteln nicht erreichen lassen. Ich sehe mich schon die Küstenstraße der Côte d'Azur entlangbrausen. Und für die Realisierung dieses Wunsches brauche ich diesen elenden Führerschein.

139.
ADAC-ÜBUNGSGELÄNDE

Wer hier überlebt, dem kann auch auf gewöhnlichen Straßen nichts mehr passieren. An einem Sonntag fuhren wir zum ADAC-Übungsgelände, wo bereits zahlreiche Autos in maximalem Tempo von 30 km/h im Kreis fuhren. In ihnen saßen Väter oder Mütter neben ihren 17- oder 18-jährigen Kindern, respektive Fahranfänger*-innen. Als wir ankamen, hatte sich gerade ein Unfall ereignet, eine Tochter hatte das Auto ihres Vaters ruiniert und nun wurde es mit seiner kaputten Vorderfront abgeschleppt. Ich sah mich schon das Auto meines Lebensgefährten auf vergleichbare Weise zerstören und schlug vor, unseren Plan, hier das Fahren zu üben, aufzugeben. Nach langer Diskussion setzte ich mich schließlich doch ans Steuer und fuhr auf das Gelände, wo wirklich mit allem zu rechnen war: Plötzlich ausscherende Fahrzeuge, die ohne zu Blinken einfach abbogen, abrupt anhaltende Teenager oder schnelle Autos, die einem die Vorfahrt nahmen. Ich musste mich zu allem Überfluss auch noch auf ein ungewohntes Fahrzeug einstellen und mir angewöhnen, nicht ständig auf die Bremse zu treten, sondern es einfach rollen zu lassen. Nach einer Stunde Fahren im Kreis wurde es besser. Das Einparken ließ ich jedoch sein, da es mit einem Smart angeblich noch schwieriger sein soll, was ich mir gar nicht vorstellen kann, denn schon in meiner Fahrstunden-Limousine kommt mir das Parken wie ein absolutes Ding der Unmöglichkeit vor, das ich niemals lernen werde.

140.
CÉZANNES VATERPORTRÄT

Die Ausstellung der Porträts von Paul Cézanne im Pariser Musée d'Orsay begann mit einem Bildnis von Cézannes Vater aus dem Jahr 1866, das mich zu Tränen rührte. So etwas ist mir noch nie passiert, ich musste eine Runde in der Ausstellung drehen und mich beruhigen, bevor ich wieder zu diesem Bild zurückkehren und es genauer betrachten konnte. Cézanne hat seinen Vater, zu dem er, der Cézanne-Literatur zufolge, ein ausgesprochen angespanntes Verhältnis hatte, in einem hochaufgerichteten, weiß leuchtenden Sesselungetüm dargestellt. Die betont schmierige Malweise des Sesselstoffs mit seinen blutrot-verschwommenen Blumentupfen kommt einem Gruß an den Stil des Post-Impressionismus gleich. Der in seiner Monumentalität das Bild beherrschende Sessel bewirkt hingegen, dass die auf ihm sitzende (lesende) Vaterfigur auf beinahe bedrohliche Weise näher rückt: Vater und Sessel kommen unweigerlich auf den/die vor dem Bild stehende Betrachter*in zu, so als würde ihm/ihr zu verstehen gegeben, an dieser paternalistischen Instanz des 19. Jahrhundert führe kein Weg vorbei. Der Vater war für seinen Sohn offenkundig nichts, was sich umgehen ließ. Statt ihn jedoch mit den tot wirkenden, schwarzen Augenlöchern auszustatten, die sich in den zahlreichen Porträts von Madame Cézanne finden, wurde er mit gesenkten Lidern versehen. Sein Blick wird uns vorenthalten, denn er ist in die Lektüre der Zeitung *L'Événement* vertieft, in der, nebenbei bemerkt, Cézannes Freund Émile Zola publizierte. Dieser Vater kommt uns einerseits überpräsent und unausweichlich vor und zugleich wird uns seine Gegenwart vorenthalten, denn er ist sichtbar mit den Gedanken woanders: anwesend und doch abwesend und unerreichbar. Die spezifische Temporalität eines Porträts, dass es das Leben des Porträtierten einfängt und ihn zugleich als Abwesenden, als (zukünftigen) Toten zeigt, wird in der Ikonografie dieses Bildes deutlich. Cézanne hat das Vaterbildnis aber auch für eigene programmatische Setzungen genutzt, als eine Art „Bild im Bild" befindet sich hinter dem Sessel an der Wand eines seiner Stillleben mit Äpfeln, wodurch das Porträt in eine Hommage an die Kunst Cézannes übergeht. Der der Arbeit seines Sohnes skeptisch gegenüberstehende Vater wird in diesem Porträt von dessen Kunst – räumlich gesehen – dominiert. Durch die oben umgeknickte Zeitung, die der Vater in den Händen hält, wird deren Titel lesbar: In Form des Wortes L'Événément treten Buchstaben, tritt Text in dieses Bild ein, die Malerei wird dadurch zu einer Sprache erklärt, die allerdings sichtbar anders funktioniert als das gedruckte Wort. Durch die Integration von Text scheint mir zudem in diesem Bild die kubistische Collage vorweggenommen zu werden. Als besonders berührend empfand ich die auf dem Label erwähnte Tatsache, dass Cézanne seinem Vater eine progressive Zeitung in die Hände malte, die dieser als konservativer Patriarch in Wirklichkeit niemals gelesen hätte. Ich musste an diesem Punkt, trotz des großen zeitlichen Abstands, unwillkürlich an meinen eigenen Vater denken, der sich nach 1968 zwar mit den ersten Rissen in einer patriarchalen Gesellschaft konfrontiert sah, aber dennoch über Jahre hinweg stur die in meinen Augen damals unerträglich konservative Zeitung *Die Welt* las, obgleich ich meine ganze Überzeugungskraft darauf verwendete, ihm andere Tageszeitungen schmackhaft zu machen. Das Sesselungetüm mit seinen sichtbaren Pinselstrichen, in dem Cézannes Vater sitzt, scheint mir von den Ambivalenzen zu handeln, in die einen ein politisch konservativer Vater stürzen kann. Cézanne bringt ihm Zuneigung (in Form eines monumentalen Porträts), aber eben auch Abneigung (in Form von heftigen Pinselstrichen) entgegen. Wenn ich mich mit den politisch unkorrekten Bemerkungen meines Vaters konfrontiert sah, versuchte ich wie mit Engelszungen auf ihn einzureden und ihn eines Besseren zu belehren, was naturgemäß vergeblich war. Cézanne wählte dank der ihm zur Verfügung stehenden Malerei einen weitaus effektiveren Weg. Er malte seinen Vater fortschrittlich gesonnen, was er gar nicht war, und übte auf diese Weise subtil Rache an ihm, denn an die Stelle des tatsächlichen Vaters ist in diesem Porträt eine Fantasiefigur getreten. So sehr seine Macht auch spürbar wird, wird er doch in ein Wunschbild überführt: Der Sohn malt den Vater so, wie er ihn gerne hätte. Die Zumutung dieses Porträts besteht darin, dass es sein Bild für die Nachwelt prägen wird: Als finanziell potenter, konservativer Patriarch, dem sein Sohn eine progressive Zeitung in die Hände malte.

141.
EIN MANTEL VON BALENCIAGA

In Paris suchte ich gleich mein Lieblingskaufhaus auf, das Le Bon Marché, historisch gesehen das erste Pariser Kaufhaus, welches schon in Émile Zolas Roman *Das Paradies der Damen* eine zentrale Rolle spielte. Einmal abgesehen von dieser Patina hat dieses Kaufhaus den Vorzug, dass die Luft in ihm nicht so schlecht ist wie in vergleichbaren Häusern, sodass ich mich gerne dort aufhalte. Auch wenn man sich einen Überblick über die jeweils aktuellen Kollektionen verschaffen möchte, ist man hier am richtigen Ort, weil die Einkäufer*innen eine sehr gute Auswahl treffen. Wie immer probierte ich vieles an, unter anderem einen karierten Wollmantel von Balenciaga, ich hatte diesen Mantel schon mehrfach in diversen Online-Shops gesehen und wollte ihn nun genauer unter die Lupe nehmen. Der Mantel ist auf jenen schlaksig-androgynen Typus zugeschnitten, der in den letzten Jahren dominierte. Das, was früher als „schlechte Haltung" gebrandmarkt wurde, nach vorne gebeugte Schultern, die einen Buckel erzeugen, in Kombination mit einem schlurfenden Gang, findet bei gewissen Models eine Kultivierung. Der besagte Mantel forciert diese Körperhaltung geradezu, denn er ist so geschnitten, dass die Schultern automatisch nach vorne fallen und sich am oberen Rücken tatsächlich ein kleiner Buckel bildet, wenn man ihn trägt. Wie so oft reichte es mir, diesen Mantel anprobiert zu haben, mein Interesse an ihm schwand in dem Moment, als ich ihn am Körper trug. Sobald ich sein Fashion-Statement verstanden und an mir selbst durchexerziert hatte, konnte ich ihn beruhigt wieder zurückhängen. Ich möchte meine Schultern nicht von einem Mantel vorbiegen lassen, wo ich sie doch yogabedingt immer zu öffnen versuche. Diesen Mantel zu tragen würde für mich, einmal abgesehen von seinem unbezahlbaren Preis, auf eine körperliche Anstrengung hinauslaufen, die ich seit Jahren tunlichst vermeide.

142.
SCHLAFLOSE TOTE MUTTER

Im Traum kam mir gestern Nacht meine verstorbene Mutter auf einer Straße entgegen. Sie sah ziemlich ramponiert aus, ihre Kleider waren irgendwie zerfetzt und mit Staub bedeckt. Sie berichtete mir, nur zwei Stunden geschlafen zu haben. Daraufhin wachte ich auf und war mit meiner eigenen Schlaflosigkeit konfrontiert. Vielleicht zeigt sich meine tote Mutter auf diese Weise solidarisch mit meiner Situation, gibt mir also zu verstehen, das Problem zu kennen, sich nach zu wenig Schlaf total gerädert zu fühlen. Oder es wurde mir in diesem Traum mitgeteilt, dass sie noch in jenen Momenten, wo ich mich schlaflos hin und her wälze, bei mir ist. Womöglich möchte mich dieser Traum darauf hinweisen, der Schlaf sei eine Art Vorstufe des Todes, durch den Schlaf werden wir auf ihn vorbereitet und eingestimmt. Aber wenn sich Schlaf und Tod gleichen, dann stelle ich mir den Tod analog zu meinem unterbrochenen Schlaf recht anstrengend und nicht wirklich erstrebenswert vor. Vielleicht erschien mir meine Mutter auch zum Zeichen ihrer Sorge um mich: Sie sorgt sich, weil ich voller Sorgen wach liege? Jedenfalls war in diesem Traum deutlich zu sehen, dass sie – wenn auch sichtlich gezeichnet – in einer anderen Sphäre unterwegs ist, aus der sie auch weiterhin den Kontakt zu ihrer Tochter pflegt.

143.
BESETZTE VOLKSBÜHNE

Gestern haben wir uns die besetzte Volksbühne angesehen. Wir trafen auf extrem professionell wirkende Türsteher, Security-Leute, alle miteinander per Handy vernetzt, welche die Übernahme dieses Theaters und die damit verbundene Neuorganisation sehr überzeugend demonstrierten. Ich erklärte am Eingang, eine Solidaritätsliste unterschreiben zu wollen, doch es war komplizierter als gedacht, in das Innere des Gebäudes zu gelangen. Im roten Salon lief eine Art Tekkno-Party, im Hauptgebäude gab es ein Konzert einer Jazzband, es wirkte gar nicht voll. Die große Bühne wurde von den Besetzer*innen nicht „bespielt“, wohl mit Rücksicht auf die Tradition, in deren Fußstapfen sie nicht zu treten vorgeben mochten. Mich hatte zuvor vor allem die Rede der Pressesprecherin der Besetzer*innen überzeugt, die ich auf Facebook gesehen hatte. Sie versicherte, dass es ihnen nicht um die Personalie Chris Dercon ginge und sprach seinen Namen richtig auf Französisch aus, was einer Distanzierung zu dem problematischen Ressentiment gegen „den Belgier“ gleichkam. Sie betonte zudem, es solle ein hierarchiefreier Raum geschaffen werden, in dem jeder partizipieren könne – womit sogleich klargestellt wurde, dass es der Gruppe *Staub zu Glitzer* nicht um die Fortführung der Ära Castorf gehe. Castorf verfuhr bekanntlich eher autoritär und machohaft, weshalb die Sprecherin auch erwähnte, es sei bei der Stellenvergabe für eine fünfzigprozentige Präsenz von Frauen gesorgt. Die bisherigen Mitarbeiter*innen der Volksbühne, wie auch das alte Ensemble, sollen ebenfalls miteinbezogen werden. Das Postulat einer hierarchiefreien Situation mutet allerdings reichlich naiv an, zumal die Erfahrung lehrt, dass sich auch in scheinbar hierarchiefreien Räumen schnell wieder Hierarchien einstellen. Und auch das Ideal der „Partizipation“, auf das sich die Besetzer*innen immer wieder beriefen, hat sich längst als problematisch innerhalb einer Ökonomie erwiesen, die auf Mitmachen und scheinbare Teilhabe setzt. Dennoch fand ich den Versuch der Besetzer*innen unterstützenswert, in der Volksbühne die Möglichkeit einer anderen Gesellschaft zu performen, wodurch das bisher für möglich Gehaltene eine Erweiterung erfährt. Auch gefiel mir, dass dort wie eh und je gefeiert wurde, es war also ein typischer Volksbühnenabend. Nur das künstlerische Angebot, das zu sehen war, war eher dürftig. Zwar hat neben der Pressesprecherin ein lustig-schrottiges Raketenobjekt gestanden, das man als eine (wahrscheinlich unbeabsichtigte) Parodie auf die Raketenskulpturen von Cosima von Bonin lesen konnte, aber in den Innenräumen der Volksbühne spielte sich ab, was ein guter Freund treffend als „Ringelpiez mit Anfassen" charakterisierte. Von einer ästhetischen Vision, die auf der Höhe der alten Volksbühne gewesen wäre, war hier nichts zu erkennen.

144.
DIE RÜCKKEHR DES VERDRÄNGTEN IN VANCOUVER

Auf einem Symposium über Malerei in Vancouver (*A Crimp in the Fabric: Situating Painting Today*, 2017), zu dem ich als Vortragende eingeladen war, sprachen die Teilnehmer*innen über ihre Traumata und Verletzungen, die sie mit ihrer malerischen Praxis „heilen" würden. Eine Künstlerin brach auf dem Podium, noch während sie das ihrer Malerei (angeblich) zugrundeliegende Trauma erwähnte, in Tränen aus. Jedes Mal, wenn ein derartiges Bekenntnis (auch von Männern!) abgegeben worden war, wurde es von den anderen Teilnehmer*innen mit den Worten „Thank you for sharing this with us" kommentiert, was mich an Selbsthilfegruppen wie die Anonymen Alkoholiker erinnerte. Es war seltsam, zu sehen, dass man sich auf diesem Panel so auf seine Identität als „Frau" oder „black artist" berief, als handele es sich um Phämomene, welche die eigene künstlerische Praxis erklärten und legitimierten. Natürlich kann ein Zusammenhang zwischen dem aus gesellschaftlichen Zuschreibungen resultierenden persönlichen Leid und der in einer solchen Situation geschaffenen künstlerischen Arbeit bestehen, nur geht die Kunst im besten Fall nicht in der (vermeintlichen) Identität oder dem Leiden ihrer Urheber*innen auf, sondern speist sich auch aus anderen Faktoren. Menschen aus Vancouver erklärten mir, dieser massive Rekurs auf persönliche Erfahrungen der Maler*innen müsse als eine Reaktion auf die jahrelange Dominanz konzeptueller, fotografischer und filmischer Praktiken in dieser Stadt, die jegliche Emotionalität unterdrückt hätten, verstanden werden. Einmal abgesehen von dem fragwürdigen Charakter dieser polarisierenden Beschreibung, die keine Zwischenformen kennt, erklärt sie doch die Wucht des Bekenntnisdranges der dortigen Maler*innen, die einem „Return of the repressed" gleichkommt. Es ist im Prinzip nichts dagegen zu sagen, wenn sich Künstler*innen als „dammaged subjects" begreifen, deren Verletzungen natürlich auch in ihre künstlerische Arbeit einfließen, schwierig wird es nur dann, wenn die künstlerische Arbeit ausschließlich auf die Verarbeitung von Wunden und psychischen Problemen reduziert wird. Indem sich die Maler*innen auf die von ihnen erlittenen Diskriminierungen berufen, suggerieren sie zudem, dass sie sich selbst transparent wären, was natürlich ein Trugschluss ist, denn was genau mit ihnen los ist, warum sie wie verfahren, kann letztendlich niemand, auch sie selbst nicht wissen. Sie können ihre Motivation deshalb immer nur annährend beschreiben. Dass der therapeutische Jargon tief in dieses kunstakademische Milieu eingedrungen ist, empfand ich ebenfalls als bemerkenswert. Alle hörten einander respektvoll zu, bemüht, nichts zu sagen, was den anderen verletzten könnte. So begrüßenswert diese gestiegene Sensibilität für das verletzende Potenzial von Worten auch ist, läuft es doch häufig auf die Vermeidung von Streitigkeiten und Kontroversen hinaus, die doch auch durchaus rücksichtsvoll geführt werden könnten. Indem die Maler*innen den Fokus auf ihr persönliches Erleben richteten, blendeten sie auch die strukturelle Dimension ihrer Probleme aus. In einer Atmosphäre des individuellen Bekennens kann es nicht zur Analyse jener sozialen und ökonomischen Bedingungen kommen, die den genannten Verletzungen zugrunde liegen. Statt sich also mit den aktuellen gesellschaftlichen Veränderungen, etwa den Folgen des Trumpismus und den psychischen Verheerungen zu beschäftigen, die dessen Shock-and-Awe-Politik bei linken Intellektuellen bewirken, verblieb man auf einer rein individuellen Ebene, die sich letztlich von der Gesellschaft abkehrt. Erschwerend kam hinzu, dass Kunst, die erlittenes Leid zu heilen vorgibt, einen instrumentellen Charakter annimmt: Sie ist nur noch ein Hilfsmittel für eine Genesung, die imaginär bleiben muss, solange die strukturellen Rahmenbedingungen der Verletzung nicht erörtert werden.

145.
GEGNER*INNEN IM PUBLIKUM

Je unbekannter und anonymer mir das Publikum bei einem Vortrag erscheint, desto entspannter gehe ich in ihn hinein. Gestern war es allerdings zum ersten Mal anders, noch bevor ich an der Reihe war, traf ich auf Personen, von denen ich weiß oder annehme, dass sie meiner Arbeit (oder meiner Person oder beidem) eher kritisch bis ablehnend gegenüberstehen. Gewöhnlich verunsichern mich solche Begegnungen unmittelbar vor einem Auftritt, denn ich weiß nun um vermeintliche „Gegner*innen" oder „Skeptiker*innen" im Publikum, die mir auf die Schliche kommen könnten. Ich fühle mich wie von vornherein ertappt und in meinem Selbstbewusstsein erschüttert, welches ich in solchen Situationen ohnehin mehr als sonst behaupten, mir gleichsam anmaßen muss. Aus den Sitzreihen meine ich die mir entgegenkommende Ablehnung förmlich zu spüren und so trete ich entsprechend leicht geschwächt meinen Vortrag an. Normalerweise suche ich dann im Publikum nach Gesichtern, deren Ausdruck mir zu verstehen gibt, dass die Personen mir positiv gesonnen sind und meinen Ansatz gutheißen, mich vielleicht sogar unterstützen. Gestern jedoch war ich noch ganz beschwingt von den positiven Reaktionen auf meine Vorträge während meiner USA- und Kanada-Reise und beschloss, mich gegen vermeintliche Gegner*innen im Publikum zu immunisieren, indem ich die Gegenwart dieser Leute einfach ignorierte; so gelang es mir tatsächlich, über deren Anwesenheit hinwegzusehen. Getragen von der positiven Resonanz der letzten Zeit imaginierte ich mich in eine Situation hinein, in der meiner Arbeit grundsätzlich Wohlwollen entgegengebracht wird, was nicht heißt, dass sie nicht auch kontrovers diskutiert werden könnte. Trotz der gelungenen Immunisierung gab es mir am Ende des Vortrags dann doch einen Stich, als ich beobachtete, wie die betreffenden Personen wortlos den Raum verließen, was ich als Nicht-Gutheißung meiner Vorschläge interpretierte. In der darauffolgenden Nacht lag ich wach und dachte an die Defizite meines Vortrages, von denen ich annahm, dass sie von meinen (vermeintlichen) Gegner*innen moniert worden waren. Nur für den Moment des Vortrags war es mir gelungen, mich in eine Welt der Zustimmung hineinzuversetzen, doch schon am Abend im Bett holte mich das speziell bei Frauen meiner Generation verbreitete Gefühl, nicht gut genug gewesen zu sein, wieder ein. Wahrscheinlich bilde ich mir die Ablehnung des Publikums nur ein, um dieser Defizitbilanz eine (imaginäre) Grundlage zu geben.

146.
WORKING OUT

In New York ist es ganz selbstverständlich, dass sich Frauen (und auch Männer) in ihrem Yogaoutfit, also mit Leggings und gelegentlich auch mit bauchfreiem Top, auf den Weg zu ihrem Yogastudio machen und sich in dieser Aufmachung auf der Straße zeigen. Man kann sie schon aus weiter Entfernung an der bei sich getragenen, gerollten Yogamatte erkennen. Selbst nach der Yogastunde werden sie sich, egal wie verschwitzt, nicht umziehen oder duschen, sondern im nassen Outfit in den öffentlichen Raum laufen. Ein derartiger Aufzug wäre in Berlin oder anderen deutschen Städten kaum vorstellbar, was meines Erachtens daran liegt, dass sportliche Betätigung hier immer noch als Privatangelegenheit angesehen wird, die dem Blick der Öffentlichkeit weitgehend entzogen bleibt. In New York hingegen wird das tägliche *workout* schon dem Namen nach (*work*) ganz selbstverständlich als eine *Arbeit* angesehen, die man vor den Augen der anderen verrichtet. Dazu passt die räumliche Konzeption zahlreicher Fitness- und Pilates-Studios in New York, bei denen man den trainierenden Kund*innen von der Straße aus durch die Fenster dabei zusehen kann, wie sie sich abrackern. So wie man sich im Anzug auf der Straße zeigt, kann man sie auch im Yogaoutfit betreten, die Übergänge zwischen dem erschöpften Broker und dem verschwitzten Yogi sind offenkundig fließend. Vergleichbar einem Beruf, ist auch der Sport als eine professionelle Tätigkeit in den

Alltag integriert. Man demonstriert deshalb öffentlich, dass man sich nicht nur um sein berufliches Weiterkommen, sondern auch um seine körperliche Maintenance kümmert, zumal es der Körper ist, der in all diesen Bereichen – ob Sport oder Arbeitsleben – zum Einsatz kommt und deshalb in Form gehalten werden muss.

147.
NEBENTÄTIGKEITEN

In der ganzen Aufregung über die Nebentätigkeiten der zurückgetretenen Direktorin Beatrix Ruf des Amsterdamer Stedelijk Museum geriet die systemisch-soziale Dimension des Vorfalls ein wenig aus dem Blick. Womöglich hängt es mit dem Strukturwandel der Kunstwelt zu einer celebrity-orientierten VIP-Szene seit den 1990er Jahren zusammen, dass sich die Direktorin eines öffentlichen Museums dazu veranlasst sah, sich massiv Mehreinkünfte zu verschaffen? Im Kunstbetrieb war Rufs Tätigkeit als Beraterin für den Schweizer Verleger Michael Ringier jedenfalls seit Jahren bekannt und es war ebenfalls offensichtlich, wie sie die für ihn akquirierte Kunst mit Musumsausstellungen nobilitierte und aufwertete. Kaum vorstellbar, dass Rufs Arbeit für Ringier in ihrem Vertrag mit dem Museum keine Erwähnung fand, wie jetzt kolportiert wird. Als Direktorin eines renommierten Museums hätte sie den Interessenkonflikt, der aus ihrer kuratorischen Arbeit und ihrer Beratungstätigkeit resultierte, jedenfalls transparent machen müssen. Was aber bewegt eine Museumsdirektorin dazu, ihr Einkommen auf diese Weise aufzubessern? Ich denke, es geht in erster Linie darum, mit dem Lebensstil der Sammler*innen mithalten zu können, auf deren Leihgaben und finanzielle Unterstützung öffentliche Museen mehr und mehr angewiesen sind. Museumsdirektor*innen sind gewissermaßen dazu verpflichtet, Millionäre oder Multimillionäre zu umschmeicheln, damit sie ihren Etat aufbessern. Es fällt natürlich leichter, mit diesen Leuten zu kommunizieren, wenn man wie sie in 5-Sterne-Hotels absteigt und/oder Business Class fliegt, was Kosten impliziert, die in den Reisepauschalen der Museen in der Regel nicht vorgesehen sind. Mit dem Gehalt eines/einer Museumsdirektor*in kommt man an dieser Stelle nicht weit, deshalb muss es durch Beratertätigkeiten (die auch bei deutschen Museumskurator*innen inzwischen immer selbstverständlicher sind) aufgebessert werden. Außerdem bewirken Museumsdirektor*innen mit ihren Ausstellungen eine symbolische Aufwertung der gezeigten Arbeiten, die sich in einem höheren Marktwert niederschlagen kann, von dem sie selbst allerdings nicht profitieren. Dass sie an diesem Wertzuwachs beteiligt werden wollen – etwa in Form eines Beratergehaltes, das sich prozentual nach dem Preis der vermittelten Werke richtet – ist aus dieser Sicht durchaus nachvollziehbar. Man muss den Fall Ruf also nicht im Sinne eines individuellen Fehlverhaltens diskutieren, sondern vielmehr als symptomatisch für einen Strukturwandel, der auf die Ökonomisierung jener Tätigkeiten hinausläuft, die zuvor mehr oder weniger jenseits einer ökonomischen Sphäre angesiedelt zu sein schienen. Ruf hat sich in der Öffentlichkeit als eine Museumsdirektorin präsentiert, die keinerlei Verflechtungen zum Markt unterhält, was vor diesem Hintergrund besonders eigentümlich ist, wo doch das Gegenteil zutrifft.

148.
DER FALL KNIGHT LANDESMAN UND DIE PETITION „WE ARE NOT SURPRISED"

Es ist immer heikel, sich öffentlich in derartige Debatten einzuschalten, da man sich sogleich selbst in die Schusslinie begibt, ich habe deshalb lange gezögert, ob ich diesen Eintrag überhaupt schreibe. Erschwerend kommt hinzu, dass sich im scheinbar politisch Richtigen oft eine politisch fragwürdige Kehrseite offenbart – und das macht es besonders kompliziert. So ist es beispielsweise zweifellos politisch richtig, sexuell übergriffiges Verhalten bestimmter Männer in Machtpositionen im Kunstbetrieb (wie etwa Knight Landesman) öffentlich anzuprangern. Aber dieser Fokus auf das Fehlverhalten

Einzelner kann auch in eine vorschnelle Denunziation umschlagen, die normalerweise eher bei den Rechten zu finden ist. Bei den sozialen Medien ist es ähnlich, sie haben sich zwar einerseits als ein wichtiges Forum erwiesen, das es zahlreichen Frauen erlaubt, ihre Stimme zu erheben und die von ihnen erlittenen sexuellen Übergriffe zu beschreiben, andererseits leisten diese Medien aber auch einer Atmosphäre des Kopfjägertums Vorschub. Ideal wäre es, wenn sich der Fokus auf die sexuellen Belästigungen durch einzelne Männer mit einer systemisch-strukturellen Aufmerksamkeit für die institutionelle Dimension des Harassment-Problems verbinden würde, denn nicht nur die einzelnen sexuell übergriffigen Männer sind das Problem, sondern auch Institutionen (wie die Zeitschrift *Artforum* im Falle von Knight Landesman), welche die Männer in ihrem Verhalten bestärken, indem sie es dulden und dadurch zu seiner Normalisierung beitragen. Problematisch erscheint es mir zudem, wenn Frauen, wie im „We Are Not Surprised"-Brief geschehen, pauschal zu Opfern erklärt werden, weil natürlich auch Frauen, zumal im Kunstbereich, Machtpositionen einnehmen und mit dieser Macht unterschiedlich (und nicht immer korrekt) umgehen. Einige nutzen ihre Macht zur Unterstützung anderer Frauen und Männer, andere missbrauchen ihre Macht. Auch das Verhalten von mächtigen Frauen kann, anders formuliert, dazu führen, die ihnen hierarchisch Unterlegenen auszuschließen, schlecht zu behandeln und zu diskriminieren. Beim Thema sexuelle Belästigung im Kunstbereich darf meiner Meinung nach auch nicht verschwiegen werden, dass es hier – wie auch in den anderen Kulturindustrien – zahlreiche junge Frauen und Männer gab und gibt, die es bewusst darauf anlegen, ihre Jugend, ihr gutes Aussehen, ihren Körper oder ihre Sexualität für ihr Weiterkommen nutzen. Sie setzen ihren Körper für ihre Karriere ein. Ihnen dabei jegliche Handlungsmacht abzusprechen, wäre offenkundig verkehrt, denn sie sind nicht immer Opfer eines Systems, das körperliche Attraktivität zu einem maßgeblichen Kriterium des Aufstiegs erklärt. Im Gegenteil können sie es durchaus persönlich als ermächtigend erleben, wenn sie aufgrund ihres Aussehens befördert werden. Zugleich stützen sie mit diesem Ausspielen ihrer Attraktivität aber auch ein sexistisches System, das ihnen langfristig – wenn sie älter werden und ihre körperlichen Vorzüge nicht mehr in die Waagschale werfen können – die Anerkennung versagen wird. Die ausbleibende Anerkennung ist aber nicht das zentrale Problem, sondern die sexistische Grundstruktur, die dahintersteht.

149.
#METOO AND ME

Auch zahlreichen meiner Freundinnen geht es derzeit so, dass sie sich als Reaktion auf die #MeToo-Bewegung die Liste derjenigen Männer vor Augen führen, die sie einmal sexuell belästigt haben. Bei mir waren es zumeist Vorgesetzte, die mich begrapschten oder anzügliche Bemerkungen machten und zwar mit einem Gestus der Selbstverständlichkeit, der mir zu verstehen gab, ihr Verhalten sei ganz normal. Als junge Frau ging ich entsprechend davon aus, dass mir mein bloßes Frausein (die Tatsache, dass ich als *Frau* nun mal markiert bin) derartige Attacken bescheren würde, deshalb wehrte ich sie zwar ab, ohne sie jedoch zu skandalisieren oder an die große Glocke zu hängen. Nie sprach ich über diese Vorfälle, ich hätte auch nicht gewusst, mit wem. Auf Unterstützung konnte man als sexuell belästigte Frau in den 1980er Jahren ohnehin kaum hoffen, im Gegenteil wurde einem noch von der eigenen Mutter zu verstehen gegeben, man sei selbst dafür verantwortlich, wenn sich das sexuelle Begehren der Männer auf einen richte. Anlässlich von #MeToo erinnere ich mich jetzt daran, wie sich mir einer meiner ersten „Chefs", während ich am Computer saß und für seine Zeitschrift arbeitete, häufig von hinten näherte, um mir eine Nackenmassage zu verabreichen. Er bedrängte mich körperlich und versuchte, eine Affäre mit mir zu beginnen. Obschon es mir gelang, mich seiner Avancen zu entziehen, nahm ich sein Verhalten doch resigniert als gegeben hin. Als junge Frau glaubte ich solche Annäherungen über mich ergehen lassen zu müssen, der Begriff

„sexuelle Belästigung" stand mir damals schlichtweg noch nicht zur Verfügung. Zudem nahmen die Männer, die sich mir auch später auf vergleichbare Weise näherten, stets Machtpositionen ein, mein berufliches Weiterkommen hing häufig von ihrem Wohlwollen ab – eine Abhängigkeit, der ich auch mit der Gründung einer eigenen Zeitschrift entkommen wollte. Als ich in späteren Jahren mit meinen Freundinnen über diese Vorkommnisse in meinem Leben sprach, rieten sie mir zumeist, Stillschweigen zu bewahren, denn solange ich keine konkreten Beweise in der Hand hätte, solange ich keine Zeug*innen benennen könne, würde man mir nicht glauben. Das Öffentlichmachen der Übergriffe würde sich zu meinem eigenen Nachteil auswirken, mich nachhaltig schwächen und beschädigen. Für immer wäre ich dann als diejenige verschrien, die versucht hätte, den Mann XY zu Fall zu bringen. Aus dieser Sicht kann man tatsächlich nur verlieren, ob man nun das zudringliche Verhalten stoisch erträgt oder sich dagegen wehrt und es publik macht. Dank #MeToo gibt es nun wenigstens einen gesellschaftlichen Rahmen, der es erlaubt, die eigene Belästigungsgeschichte zu erzählen und gegebenenfalls juristische Maßnahmen zu ergreifen. Auch wenn es sich dabei zumeist um individuelle Berichte von privilegierten Frauen handelt, darf man das Befreiungspotenzial dieser Erzählungen nicht unterschätzen. Ideal wäre es jedoch, wenn diese Darstellungen sexueller Übergriffe nicht im Persönlichen stecken blieben, sondern ihre gesellschaftlich-strukturelle Dimension mitreflektieren würden. Man müsste verdeutlichen, dass Sexismus kein individuelles Problem ist, sondern die Diskriminierung von Frauen auf in der Gesellschaft tief verankerte strukturelle Sexismen verweist und angewiesen bleibt, die oft jedoch erst anhand von exemplarischen Fällen greifbar werden.

150.
DIE RUHE VOR DEM STURM

Wenn man ein Buch geschrieben hat, sind die Wochen (oder Monate) vor dem Erscheinungstermin die schönste Zeit, denn es ist noch zu früh, um etwas Neues zu beginnen und man kann all das tun, was man in den Jahren der Arbeit an dem Buch vernachlässigt hat. In meinem Fall bedeutet das, endlich Gesangsstunden zu nehmen, den Führerschein zu machen oder mich endlich um die sogenannte Vorsorgevollmacht kümmern. Nicht nur erfreuliche Tätigkeiten, die mich jedoch aus der Exklusivität meiner bisherigen Schreibtischexistenz herausführen. Als angenehm empfinde ich zudem, dass die Rezeption meines Buches *Die Liebe zur Malerei* mit all den Enttäuschungen, die sie potenziell mit sich bringen kann, noch weit vor mir liegt. Zwar weiß ich aus Erfahrung, dass meine Bücher oft andere als die von mir erwünschten Reaktionen auslösen, aber bevor es so weit ist, lebe ich in der Hoffnung auf eine positive Resonanz. Ich nehme mir vor, die Rezensionen einfach geschehen und über mich ergehen zu lassen, denn ich kann ohnehin nichts gegen sie ausrichten. An einigen Tagen stelle ich mich schon mental auf ein mögliches Debakel ein, weil es durchaus sein könnte, dass es mir angesichts der Rezeption meines Buches so vorkommen wird, als wären meine jahrelangen Mühen umsonst gewesen. Es ist die alte, letztlich nicht zu beantwortende Jörg-Immendorff-Frage „Für wen für was?", die sich mir in solchen Momenten stellt: Wer ist eigentlich das Publikum und wofür mache ich das alles?

151.
LEBENDIGKEITSEFFEKTE UND IHRE KONTEXTE

In meinem Buch über *Die Liebe zur Malerei* habe ich versucht, den Nachweis zu führen, dass gerade jene malerischen Praktiken, die Lebendigkeitsprojektionen nähren, von ihrem gesellschaftlichen Außen geprägt bleiben. Man kann diese Verfahren meiner Meinung nach nicht sinnvoll einordnen und verstehen, wenn man sie isoliert von ihren Entstehungskontexten betrachtet. Sie müssen, anders formuliert, innerhalb jener gesellschaftlichen und künstlerischen Formationen verortet werden, denen sie ihre Entstehung verdanken und die das in ihnen jeweils auf dem Spiel Stehende erst verständlich machen. Auch für den Kunsthistoriker Horst Bredekamp ist der Topos der Lebendigkeit ein zentraler Aspekt, wie seinem Artikel in der *FAZ* vom 11. November 2017 zu entnehmen war. Anders als bei meinem Lebendigkeitskonzept spielt jedoch bei ihm die *projektive Dimension* der Lebendigkeitserfahrung kaum eine Rolle. Auch der Zusammenhang zwischen Lebendigkeitssuggestion und Wertbildung, der mich in meinem Malerei-Buch umtrieb, kommt bei ihm nicht zur Sprache. Zwar verweist er in dem *FAZ*-Essay darauf, dass tote Bilder nicht wirklich lebendig seien, sondern als lebendig *erfahren* würden, doch wie genau diese vitalistische Erfahrung entsteht, aus einem Zusammenspiel zwischen dem vitalistischen Potenzial des Bildes und einer/einem projektionsbereiten Betrachter*in nämlich, wird nicht genauer erörtert. Sein Essay zielt vielmehr darauf, mit der Annahme einer „Eigenkraft" des Bildes mit Friedrich Schiller für dessen „Nicht-von-außen-bestimmt-Sein" zu plädieren. Bredekamps bildwissenschaftliche Prämisse des „lebenden" Bildes geht hier folglich eine Symbiose mit der Autonomieästhetik und deren Annahme einer Eigengesetzlichkeit der Kunst ein. Zwischen dem Lebendigkeits- und dem Autonomiepostulat gibt es offensichtlich strukturelle Parallelen, wird doch in beiden Fällen von einer Eigendynamik des Kunstwerks ausgegangen, das sich entweder selbst seine Gesetze gibt (Autonomieästhetik) oder selbsttätig agiert (Lebendigkeitspostulat). Allein auf die „Kraft der lebendigen Form" zu setzen, wie es Bredekamp wohl auch mit Blick auf seine Mitarbeit am Humboldtforum vorschlägt, läuft meines Erachtens jedoch auf eine Vernachlässigung der historischen Kontexte hinaus, wie kürzlich in der Ausstellung des Bode-Museums *Unvergleichlich: Kunst aus Afrika im Bode-Museum* geschehen. Es waren „herausragende Kunstwerke aus Afrika", die hier europäischen Skulpturen gegenübergestellt wurden und zwar auf der Basis von morphologischen oder motivischen Ähnlichkeiten. Diese vergleichende Perspektive wurde jedoch weder den europäischen Plastiken noch den afrikanischen Kunstwerken gerecht, die häufig auf ihre Sujets – das Bild des leidenden Christus neben einer Figur mit Leidensmiene – reduziert waren. Außer Acht gelassen wurde zudem, dass sich die „Kraft" oder „Lebendigkeit" dieser Arbeiten des Einsatzes bestimmter künstlerischer Mittel verdankt, die von den Künstler*innen oft bewusst, und zwar mit Blick auf deren Lebendigkeitseffekt, eingesetzt wurden. Lebendigkeit ist nämlich nichts, was den Kunstobjekten einfach so innewohnen würde, sondern meist ein bewusst hergestellter künstlerischer Effekt. Man müsste den unterschiedlichen Lebendigkeitseffekten der afrikanischen und der europäischen Objekte nachgehen und diese wiederum mit jenen ästhetischen Konventionen in Zusammenhang bringen, die innerhalb ihrer jeweiligen Formationen vorherrschend waren.

152.
OHNE SICHERHEITSNETZ

Ein Freund geht jetzt durch jenen Prozess des Abschieds, den ich im Jahr 2013 mit meinem Vater durchlief. Irgendwann kommt der Moment, wo der unheilbar Kranke das Krankenhaus verlassen muss, um in ein sogenanntes Hospiz überführt zu werden. Er wird vom Kranken zum Sterbenden erklärt. Mir war allerdings damals nicht klar, dass Hospize wie Todesbeschleunigungsmaschinen funktionieren, die Lebenszeit ihrer Patient*innen also massiv verkürzen. Mein Vater wurde jedenfalls erst im Hospiz in eine Art Dauerdämmerzustand versetzt und war damit für uns nicht mehr erreichbar, so als befände er sich bereits woanders. Wir hatten noch ein letztes gemeinsames Weihnachtsfest mit ihm im Hospiz geplant, zu dem es aber nicht mehr kam, weil er kurz zuvor starb. Heute ist auch der zweite Todestag meiner Mutter, am heutigen Morgen vor zwei Jahren wusste sie noch nicht, dass sie die

Nacht nicht überleben würde. Als ich eben leicht gelähmt aufwachte, verstand ich zunächst nicht, weshalb ich mich derart erstarrt fühlte, dann fiel es mir wieder ein. Ich habe das Bedürfnis, Blumen auf ihr Grab zu legen, aber das lässt sich von hier aus nicht so schnell organisieren. Ich werde versuchen, ihr zu ihrem 81. Geburtstag am 12. Dezember Blumen zukommen zu lassen. Das Fürchterliche an dieser elternlosen Existenz scheint mir vor allem darin zu bestehen, dass die Unbeschwertheit gänzlich verloren geht. Das Leben wiegt einfach schwerer, wenn man die Position des Kindes endgültig hinter sich gelassen hat und nun die ganze Verantwortung für seine Situation trägt. Vor allem nachts werde ich oft von Zukunfts- und Existenzängsten geplagt: Wie soll ich das Studium meiner Tochter finanzieren, wenn ich eines Tages weniger verdiene? In solchen Momenten sehne ich mich nach einer finanziellen Sicherheit, von der ich im Grunde genommen weiß, dass sie illusorisch ist. Wobei ich eigentlich niemals wirklich über ein Sicherheitsnetz verfügt habe – das, welches mein Vater für uns aufspannte, hat sich nach seinem Tod als inexistent erwiesen. Meiner Mutter hingegen war es gelungen, uns vor allem eine emotionale Sicherheit zu geben, in großen Nöten war sie stets für uns da – eine „Löwenmutter", wie eine Freundin sie kürzlich treffend charakterisierte. Ihren großen Einsatz für ihre Kinder weiß ich heute viel mehr zu schätzen als zu ihren Lebzeiten.

153.
FRÜHES AUFSTEHEN

Meine Therapeutin riet mir, eine andere Einstellung zum frühen Aufstehen zu gewinnen. Statt mich also schon abends darüber zu ärgern, dass mir die Schule meiner Tochter am nächsten Morgen die Pflicht zum frühen Aufstehen auferlegt, wäre es besser, mir vor dem Ins-Bett-Gehen einzureden, dass ich den Tag *für meine Tochter* sehr gern früh beginne und entsprechend eben auch bereitwillig früh aufstehen will. Das mag zunächst nach billiger Selbstüberlistung klingen, aber ich muss sagen, es hat funktioniert. Denn ich neige tatsächlich dazu, der Fremdbestimmung durch die Institution Schule auch heute noch meine frühere kindliche Wut entgegenzubringen. Schon zu meiner Schulzeit empfand ich das frühe Aufstehen als besondere Zumutung. Der Kult des langen Ausschlafens war in unserer Familie ohnehin recht ausgeprägt – eine Art Familienkrankheit. Auch meine Mutter und meine Schwester kultivierten, leicht prinzessinnenhaft, wie ich selbst, das „Bis in die Puppen"-Ausschlafen. Dass meine Mutter morgens aufstehen und für uns Frühstück machen musste, wog sie durch einen langen Mittagsschlaf wieder auf. Wenn ich heute im Bewusstsein dieses Aufstehenmüssens ins Bett gehe, bin ich von vornherein angespannt und wache mehrmals pro Nacht mit Blick auf den Wecker auf. Außerdem steigere ich mich in den Gedanken hinein, am nächsten Morgen zerschlagen aufzuwachen, was mir das Schreiben verunmöglichen und mir einen verlorenen Tag bescheren würde. Angesichts der Strapazen dieser schlaflosen Nächte habe ich jetzt die „neue Einstellung" ausprobiert, sie also erst einmal entdramatisiert und mir gesagt, falls ich am Morgen todmüde sein sollte, kann ich mich ja noch einmal hinlegen. Zugleich rede ich mir ein, dass es mein eigener Wunsch ist, meine Tochter frühmorgens zur Schule zu bringen. Aus Fremdbestimmung versuche ich also Selbstbestimmung zu machen, denn es ist ja mein Wunsch, das Leben meiner Tochter in Form von Wecken, Frühstückmachen etc. auf den Weg zu bringen und ihm eine Struktur zu geben. Erstaunlicherweise hat diese autosuggestive Einflüsterungstechnik geholfen und ich schlief letzte Nacht tatsächlich besser.

154.
LINKE MÄNNER

Meine Freundin J. hat recht: Oft sind linke Männer (oder Männer, die sich „links" wähnen) das viel größere Problem. Mit einigen von ihnen ist häufig schwerer umzugehen als mit den Macho-Typen, die ihre sexistische Herablassung Frauen gegenüber demonstrativ vor sich hertragen. Es gibt natürlich auch linke Männer, die die Lektionen des Feminismus verinnerlicht und feine Antennen für ihre restsexistischen Reflexe ausgebildet haben. In der Zusammenarbeit mit Frauen gelingt es diesen, jegliches Dominanzgebaren zu vermeiden. Sie sind so selten wie angenehm. Doch leider existieren daneben zahlreiche linke und offiziell mit dem Feminismus sympathisierende Männer, die die Arbeit ihrer weiblichen Kollegen auf subtile und kaum greifbare Weise geringschätzen. Oft übergehen sie deren Arbeit einfach, schweigen sie tot und/oder beziehen sich erst gar nicht auf sie. Auch im persönlichen Gespräch mit der Kollegin vermeiden sie jede Frage nach dem Stand ihrer Arbeit tunlichst, als gäbe es diese gar nicht. Neben diesen Techniken des Zum-Verschwinden-Bringens findet sich bei zahlreichen linken Männern eine Vielfalt an subtilen Herabsetzungsmethoden, die häufig im Gewande des Lobes daherkommen. Ein Beispiel: Ausgerechnet heute, an meinem Geburtstag, habe ich eine E-Mail eines linken Kollegen erhalten, die eigentlich nett gemeint war und doch von feiner Diskriminierung zeugte. Er berichtete mir darin von einem Freund und Kollegen, der voller Anerkennung für einen Vortrag von mir gewesen sei. In diesem Vortrag habe sich gezeigt, dass ich viel gearbeitet hätte und jetzt eine „richtige" Marxistin wäre. Der Paternalismus, der mir und meiner Arbeit in diesem zwiespältigen Lob entgegenschlug, war erstaunlich. Wie einem Schulmädchen stellten mir Männer ein Fleißkärtchen aus und teilten mir durch die Blume mit, dass sie meine Arbeit nun, da ich so viel und brav geforscht hätte, endlich ernst nähmen. Mir wurde nun Zugehörigkeit attestiert, allerdings zu den von ihnen festgelegten Bedingungen, letztlich bin ich aus ihrer Sicht eine gelehrige Schülerin geblieben, der man ermutigende Worte mit auf den Weg gibt. Und so etwas passiert mir mit 55!

155.
GEBURTSTAG MIT TOTER MUTTER

Mein zweiter mutterloser Geburtstag ist von großer Melancholie gezeichnet. Denn eigentlich besteht kein Anlass zum Feiern, da der Körper, der mir – pathetisch ausgedrückt – das Leben schenkte, nicht mehr lebt. Außerdem war es stets meine Mutter gewesen, die meinen Geburtstag mit besonderem Enthusiasmus beging. Jedes Mal beschwor sie den Moment meiner Geburt in der Erinnerung herauf und erklärte ihn zum schönsten in ihrem Leben. Jetzt wo sie nicht mehr da ist, hat sich ein langer Schatten auf dieses Datum gelegt. Es fühlt sich an, als würde ich selbst mit einem Bein in jenem Grab stehen, in dem sich meine tote Mutter nun befindet, denn dort komme ich her, dort liegt ein Teil von mir.

156.
ANNIE ERNAUXS *DIE JAHRE*

In diesem Buch wird die individuelle Biografie der Autorin Annie Ernaux als Gesellschaftsbiografie erzählt. Zunächst wirkt es ein wenig konstruiert, wenn unterschiedliche Perspektiven einander abwechseln, also immer dann „man" gebraucht wird, wenn der allgemein gesellschaftliche Charakter der dargestellten Ereignisse betont wird. Das Personalpronomen „sie" setzt die Autorin in den Momenten ein, wo sie von sich selbst spricht, was eine Distanz zum Autoren-Ich schafft. „Sie" ist eine andere, wie schon in Roland Barthes' *Über mich selbst*. Nicht das „eigene" Leben der Autorin wird hier erzählt, sondern ein gesellschaftlich bedingtes Sein, ein klassenspezifisches Erleben. Ernaux interessiert sich vor allem dafür, wie sich gesellschaftliche Bedingungen und Normen auf die konkrete Verhaltensweise, Überzeugung und Körperlichkeit ihrer Protagonistin, die sie eben auch selbst ist, niederschlagen. Ihre Protagonistin steht ihr nahe, wenn man so will. So werden beispielsweise die realen Auswirkungen der unterschiedlichen Sexualpolitik in den 1950er- und 1970er Jahren auf das

Selbstverständnis und die Sexualität der Autorin eindringlich beschrieben. Während in den 1950er Jahren die katholische Kirche mit ihrer Unterdrückung von Sexualität in Frankreich noch sehr einflussreich war, was bei Ernaux zu einem schuldbeladenen Verhältnis zum Sex führte, fühlt sie sich in den 1970er Jahren förmlich dazu aufgefordert, zu masturbieren und ihre Sexualität zu entdecken. Ihr Interesse gilt dabei immer der Frage, wie derartige gesellschaftliche Umschwünge – hier von der Disziplinar- zur Kontrollgesellschaft – das Verhalten und Selbstverständnis der Subjekte prägen, und das am Beispiel ihres Lebens, das sie als unmittelbar mit der Geschichte verwoben schildert. Die Betonung der gesellschaftlichen Dimension bewirkt zudem, dass die Erzählung ihres Lebens einen Widerhall im Leben vor allem jener Leser*innen findet, die vergleichbaren Verhältnissen ausgesetzt waren. Gut gefallen hat mir, wie sie im Zuge des Älterwerdens konstatiert, sich immer noch wie eine junge Frau zu fühlen. Es sind allein die Blicke der anderen, vor allem die der jüngeren Frauen, die ihr zu verstehen gäben, nicht mehr zu ihnen zu gehören. Erst im Spiegel der anderen sieht sie sich also dazu gezwungen, sich als eine älter gewordene Frau wahrzunehmen. Womöglich wäre es noch überzeugender gewesen, wenn Ernaux die persönliche und die systemisch-gesellschaftliche Stimme im Buch unmittelbar miteinander kurzgeschlossen hätte. Ihr Versuch, nicht beim „eigenen Leben" stehenzubleiben, sondern zu untersuchen, inwieweit es auch ein singuläres Produkt gesellschaftlicher Verhältnisse ist, empfinde ich dennoch als extrem beeindruckend und gelungen. Ich bin Fan.

157.
KONTAKTLINSENKRISE

Gestern gab es eine Buchvorstellung unter erschwerten Bedingungen. Zuerst stürzte kurz vor Beginn der Veranstaltung mein Computer samt der Powerpoint-Präsentation mit den Bildern, die ich zeigen wollte, ab. Last minute musste alles repariert und installiert werden, was bei mir einen gewissen Grad an Anspannung und Nervosität erzeugte, schließlich hatte ich meinen „Gig“ inklusive Musik und Bildern genau konzipiert. Viel schlimmer war jedoch, dass ich zu Beginn meiner Präsentation beinahe „erblindete“, denn eine meiner Kontaktlinsen hatte sich in der Hektik hinter dem Lid festgesetzt und die andere war derart verschmiert, dass ich sowohl mein Manuskript als auch das Publikum nur durch einen milchig-weißen Schleier vage zu erkennen vermochte. Es war streckenweise unmöglich, die Buchstaben des Manuskripts zu entziffern, passend zu meinem Thema der Malerei waren sie von einer malerischen Streifenschicht überzogen. Ich beschloss, nicht in Panik auszubrechen und die Sache irgendwie durchzuziehen, was leichter gesagt als getan war, da ich auch meine Mitdiskutant*innen nur schemenhaft sehen konnte und nicht wusste, welche Personen sich hinter den Fragen aus dem Publikum verbargen. Von außen hat man meinen Vortrag und meine Performance wohl als halbwegs souverän wahrgenommen, für mich selbst stellte sich das Ganze eher als Strapaze dar. Statt die Situation zu genießen, konnte ich sie, derart gehandicapt, nur irgendwie durchstehen. Kontaktlinsen bergen wirklich ein hohes Risiko in sich, stets ist damit zu rechnen, dass sie einem in einem höchst ungelegenen Moment die ungetrübte Sicht vereiteln. Ich bin es satt, auf dieses optische Hilfsmittel angewiesen zu sein, kann mich aber weder zu einer die Sicht auf einen gerahmten Ausschnitt reduzierende Brille, noch zu einer Augenoperation durchringen.

158.
MISSBRAUCH ALS WÄHRUNG

Bloomberg empfiehlt seinen Investor*innen, die Arbeiten eines „Künstler-Künstlers“, also eines bislang hauptsächlich von Insidern geschätzten Künstlers, zu kaufen. Als maßgeblicher Indikator für dessen zukünftige Bedeutung werden die in jüngster Zeit gestiegenen Auktionsergebnisse seiner Arbeiten angeführt, die auch auf zukünftige Preissteigerungen hoffen lassen würden. Als ein weiteres Argument für die Bedeutung dieses Künstlers wird auf seinen großen Einfluss auf Jüngere, etwa auf seine ehemaligen Student*innen verwiesen, deren Bewunderung so weit reiche, dass sie auf eigene Kosten zu seinen Eröffnungen in andere Städte reisen würden, obwohl sie sich dort noch nicht einmal eine Übernachtung leisten könnten und deshalb am gleichen Abend wieder abreisen müssten. Dass derartige Anekdoten über eine treue Gefolgschaft den Ruhm einer Künstler*in befördern, ist kein neues Phänomen. Bemerkenswert ist vielmehr, dass niemand auf die Idee kommt, das in der großen Aufopferungsbereitschaft der Studierenden aufscheinende Lehrer-Schüler-Verhältnis, welches an einigen europäischen Kunstakademien immer noch häufig anzutreffen ist, genauer zu untersuchen. Oft bilden sich diese Fan-Gruppen um die Lehrenden auf der Basis von gemeinsamen Ritualen wie Kneipenbesuchen, großem Alkoholkonsum und intensiven Gesprächen. All jene, die diese Rituale eher abschreckend finden und die auch nicht trinken wollen, bleiben von diesen Zusammenkünften ausgeschlossen. Indem die Lehrenden mit ihren Student*innen Exzesse feiern, schaffen sie ein stark bindendes System aus Ein- und Ausschlüssen, wobei die Möglichkeit des Ausschlusses ohnehin wie ein Damoklesschwert über den Studierenden schwebt. Auch die sich strukturell bedingt auf die Figur des Lehrenden richtende libidinöse Energie kann von dieser ausgenutzt werden, indem sie emotionale (oder sogar sexuelle) Beziehungen zu ihren Studierenden pflegt. Letztere spielen nicht selten in der Hoffnung darauf mit, dass sie von ihren Professor*innen weiterempfohlen und gefördert werden. Zuweilen können die Lehrenden ihren Studierenden schwach und hilfsbedürftig erscheinen, etwa aufgrund eines Hangovers, von dem sie am Morgen nach dem gemeinsamen Feiern geplagt werden. Dann sind es vor allem die weiblichen Studierenden, die sich dazu aufgerufen fühlen, sich um ihre Professor*in zu kümmern. Sie übernehmen die stark gegenderte Rolle der Caretakerinnen. Das Modell, dass eine Gruppe von Studierenden große Entbehrungen auf sich nimmt, um die Ausstellung ihres Professors zu sehen, was häufig mit subtilem Missbrauch einhergeht, verwandelt sich – wenn es in Form einer Legende den Kunstmarkt in Amerika erreicht – in eine Währung, die die Bedeutung der Künstler*in noch unterstreicht. Niemand kommt auf die Idee, dieses Modell zu hinterfragen, denn es bringt den Künstler*innen und ihrer Arbeit nur noch mehr Relevanz, Ruhm und Marktwert ein.

159.
TIMO BLUNCK:
HATTEN WIR NICHT MAL SEX IN DEN 80ERN?

Dieses Buch ist leider eine ziemliche Katastrophe, die vor dem Hintergrund des Zusammenbruchs der Plattenindustrie erfolgt. Denn inzwischen verfassen viele ehemalige Rock- und Popstars ihre Memoiren auch deshalb, weil sich mit Platten in Spotify-Zeiten nichts mehr verdienen lässt und Konzerte auf Dauer zu anstrengend und körperlich enorm auszehrend sind. Aus diesen Gründen werden jetzt Bücher geschrieben, in diesem Fall unter einem besonders reißerischen Titel, den das Buch selbst immer wieder zitiert. Auch eine beiliegende CD mit Songs enthält einen mit dem Titel *Hatten wir nicht mal Sex in den 80ern?* Die zentralen Buzzwords, die diesem Projekt zugrunde liegen, werden offenkundig gnadenlos gemolken und in die Länge gezogen. Das Buch ist eine Mischung aus einem quasi-fiktiven Bericht von Sexbesessenheit, die einer „Therapeutin" erzählt wird und der Rückschau auf den kurzen Ruhm, den Blunck mit der Band Palais Schaumburg (hier Villa Hammerschmidt genannt) in den frühen 1980er Jahren erlebte. Da ich diese Band damals sehr geschätzt und auf Konzerten begleitet habe, mehr noch, da Timo Blunck mein erster Tanzpartner in der Hamburger Tanzschule Wendt gewesen ist, nahm ich sein Buch zunächst entsprechend wohlwollend-neugierig zur Hand. Als besonders erstaunlich empfand ich die Tatsache, dass das gewählte Format der vor einer Therapeutin abgelegten Beichte mit so wenig kritischer Selbstreflexion einhergeht. In selbstgerechtem Ton wird eine vermeintlich „krasse" Sexepisode nach der anderen erzählt. Auch das masochistische Verhältnis zu seiner Exfrau, von der sich das Autor-Ich notorisch schlecht behandeln lässt, wird seitenlang ohne jegliches Hinterfragen der eigenen Handlungsweise ausgebreitet. Es wirkt vielmehr so, als wäre der Berichterstatter auch heute noch stolz darauf, derart viel Extremes erlebt zu haben, wobei das Erlebte in autofiktionaler Manier so sehr übersteigert wird, dass es kaum „wahr" sein kann. Mich nervte besonders der sexistische Blick auf Frauen, die immer wieder als Sexobjekte und nicht etwa als ebenbürtige Partnerinnen betrachtet werden. Überhaupt scheint die Möglichkeit, sich wirklich einmal auf jemanden einzulassen, um mit dieser Person dann in Verhandlung über die Beziehungsmodalitäten zu treten, in diesem Buch nicht vorgesehen zu sein. Alles ist Rausch, immer sind Drogen im Spiel, der Sex ist naturgemäß transgressiv und der Autor klopft sich dafür auch noch auf die Schulter. Erschwerend kommt der betont banale Sprachstil dieses Buches hinzu, der noch die potenziell aufschlussreiche Geschichte der Band unerquicklich macht. Irgendwann legte ich das Buch enttäuscht weg. Es befriedigt noch nicht einmal die von ihm geweckte Erwartung nach süffigem Gossip, weil nichts gesagt wird, was einem neue Einsichten eröffnet. Sad.

160.
MAMAS NAGELFORM

Heute, in der Apotheke, wurde ich von einer Dame bedient, deren Fingernägel dieselbe ovale Form hatten und auf dieselbe Weise in Fingerspitzenrichtung gefeilt waren wie die Nägel meiner verstorbenen Mutter. Sie wiesen auch jene durchscheinenden filigranen Rillen auf, die die Nägel von älteren Frauen oft kennzeichnen und die man sieht, wenn sie nicht lackiert sind. Es traf mich schockhaft, wie ein Schlag, den Nägeln meiner Mutter gleichsam an den Fingern einer anderen Frau zu begegnen. Zuletzt hatte ich ihre Nägel an ihren gefalteten Händen betrachtet, als sie tot und aufgebahrt im Kühlraum des Krankenhauses lag. Ich habe damals, vor nunmehr zwei

Jahren, insbesondere von ihren Händen Abschied genommen, die mir immer eine gewisse Sicherheit und Ruhe gegeben hatten. Meine Mutter ließ sie nicht maniküren, sondern machte dies sehr geschickt selbst. Warum die Hände von Toten grundsätzlich gefaltet werden, ist eine Frage, die sich mir im Kühlhaus stellte. Nimmt man an, die Toten strahlten durch diese Pose Frömmigkeit aus und ihre Chancen, in das Reich Gottes aufgenommen zu werden, stiegen? Kann man vor seinem Tod verfügen, dass man, da agnostisch, die Hände nicht gefaltet bekommen will? Ich möchte jedenfalls vor allem meine Mutter mit ihren schönen Nägeln zurückhaben, ich kann ihre Abwesenheit immer noch nicht verschmerzen. Wie soll ich dieses, mit zunehmendem Alter immer härter werdende Leben, ohne ihre Unterstützung durchstehen? Einerseits ist es mir ein Rätsel, wie ich das schaffen soll, andererseits weiß ich aber auch, dass ich es irgendwie mithilfe meiner Familie und meiner Freundinnen schaffen werde, deren Support seit dem Tod meiner Mutter noch wichtiger für mich geworden ist. Die Binsenweisheit, man fände sich spätestens am Ende seines Lebens alleine wieder, stimmt zwar, aber bis dahin bleiben wir auf andere angewiesen, setzen uns ins Verhältnis zu ihnen. Wir mögen uns zwar zwischenzeitlich isoliert und auf uns selbst zurückgeworfen fühlen, bleiben aber doch auf andere bezogen, die unserem Leben erst Sinn verleihen.

THANK YOU

Uta Grosenick, Jakob Lehrecke, Sabeth Buchmann, Beate Söntgen, Josephine Pryde, Dirk von Lowtzow, Petra Eggers, Silvia Koch, Merlin Carpenter, Jörg-Uwe Albig, Jacqueline Macaulay, Kerstin Stakemeier, Caroline Schneider, Aram Lintzel, Diedrich Diederichsen, Juliane Rebentisch, Eliza Douglas, Brigitte Weingart, Georg Graw, Béatrice Graw, Markus Weisbeck, Elisabeth Starzinger, Jenny Nachtigall, Nadja Abt.

KONZEPTION UND GESTALTUNG
Markus Weisbeck

REDAKTION
Uta Grosenick

FOTOS
Cover: Annette Graw (Foto privat)
Klappe: Isabelle Graw (Foto Josephine Pryde)

PRODUKTION
DCV

GESAMTHERSTELLUNG
druckhaus köthen, Köthen

VERTRIEB UND MARKETING
DCV
sales@dcv-books.de

ISBN 978-3-947563-87-6
Printed in Germany

ERSCHIENEN BEI
DCV
www.dcv-books.de

DCV